# シートケーキと
# レイヤーケーキ

原亜樹子

東京書籍

## はじめに

レイヤーケーキという言葉に最初に触れたのは、子どもの頃の愛読書『赤毛のアン』でした。バニラと間違えて痛み止めの薬を入れてしまったルビージェリーをはさんだレイヤーケーキは、本当はどんなにおいしかったことだろうと想像を膨らませたものです。その後アメリカで、特別な日にはレイヤーケーキやシートケーキを用意すると知りました。

長方形に大きく焼き上げることが多いシートケーキは、出席者が増減しても切り分けやすいので、人数がはっきりとわからないバースデーパーティーの定番です。本書のシートケーキは、アメリカのパーティーシーンで目にする原色のフロスティングで仕上げるものとは異なり、素材の持ち味を生かしたシンプルなもの。イエロー、ホワイト、ココアの3種類のプレーンケーキをベースに、レモンカードやクリームチーズフロスティング、ホイップクリームなどをさっとぬり広げて作ります。毎日のリラックスタイムが楽しくなるような、気負わずに作れるものばかり。少人数でも無理なく食べきれるように、15cm角の型で薄く焼き上げたケーキを使います。

レイヤーケーキは、その名の通りレイヤー＝層に重ねるケーキです。シートケーキと同じフロスティングを使っても、ケーキを層に重ねるだけで、グンと特別感が増します。アメリカでは生地をビーツや食紅で赤く染めるレッドベルベットケーキや、にんじんを加えるキャロットケーキなど、さまざまな色のレイヤーケーキがありますが、この本では、イエロー、ホワイト、ココアの3種類のプレーンケーキをベースに、フロスティングでバリエーションを展開しています。

フロスティングはラフにぬればよいし、側面にはぬってもぬらなくてもいいんです。肩肘張らずに作れるところが家庭菓子として愛されるゆえん。気軽にお楽しみいただけるよう、仕上がりのサイズは15×7.5cmと小ぶりです。たくさんご活用いただけますように。

原 亜樹子

# contents

## 3つの基本ケーキ

### 焼きっぱなしを楽しむ

＊ 計量単位は大さじ1＝15mℓ、小さじ1＝5mℓです。
＊ オーブンの温度、焼き時間はあくまでも目安です。機種によって違いがあるので、様子をみて加減してください。
＊ 電子レンジは出力500Wのものを使っています。600Wの場合は加熱時間を0.8倍にしてください。機種によって違いがあるので、様子をみて加減してください。

# シートケーキとレイヤーケーキ

**プレーンケーキ**

Plain Cake

■シートケーキやレイヤーケーキの土台になるケーキ。このままシンプルに粉砂糖をふったりホイップクリームを添えるだけでもおいしい。
■パウンドケーキとスポンジケーキの中間のようなケーキ。油脂分はパウンドケーキより2.5割ほど少なく、水分が多くてしっとり。膨らみを抑え、目が詰まった仕上がり。あまり膨らまないので、レイヤーケーキ向き。

■プレーンケーキの種類は3つ。全卵を使う黄色いイエローケーキ、卵白で作るホワイトケーキ、ココアを使ったココアケーキ。
■15×15×高さ4.5cmの角型で焼き上げます。仕上がりの高さは、イエローケーキとホワイトケーキはだいたい3cm程度、ココアケーキは4cm程度。角型で焼くとレイヤーケーキに展開できます。

## シートケーキ
### Sheet Cake

■プレーンケーキにフロスティングやホイップクリーム、フルーツなどをのせて仕上げるケーキ。プレーンケーキの焼き上がりが高さ3〜4cmなので、デコレーションを施しても5〜6cm。なのに、華やかに見えるのが魅力。

■プレーンケーキの生地にレモンの皮やハーブ、スパイスを加えたり、チョコチップを入れたり……とバリエーションは無限大。

## こんなふうに切り分けます

| シートケーキ | レイヤーケーキ |
|---|---|
|  | 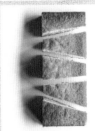 |
|  |  |

6等分するときは、まず半分に切り、斜めにナイフを入れて台形にします。8等分にするときは、まず十字に切って4等分にし、斜めにナイフを入れて台形にします。四角く切らないことで華やかな印象に。

上写真のように、斜めに包丁を入れて台形に切ります。三角形のようなとんがった角を作らない方が、ケーキの形がくずれません。好みで下写真のように切っても。器に盛るときは、切り口が見えるように倒します。

## レイヤーケーキ
### Layer Cake

**2段**

**4段**

■プレーンケーキを半分に切り、これを重ねて仕上げるのがレイヤーケーキ。半分に切るので、15×7.5cmのケーキになります。高さはフィリングやデコレーションによってまちまち。

■プレーンケーキの種類、間にはさむフィリング、上にのせるクリームの組み合わせを変えることで、さまざまなおいしさが楽しめます。

■レイヤーケーキの厚みを半分に切って4枚に。これを重ねると4段のレイヤーケーキが作れます。

■レイヤーケーキに使うケーキは、日本のように、ケーキ型1台で厚みのある生地を焼いて横にスライスするということはあまりなく、ケーキ型を数台使って薄い生地を焼き、それを重ねていくのが一般的。

重ねても安定するように、また、同じ高さになるように、上面がドーム形に膨らんでいれば削ぎ落とします。これはケーキスライサー。シートケーキやスポンジケーキをスライスするときに便利なアイテムです。いろいろなタイプのものがあり、製菓材料店などで購入可。包丁で薄く削いでもOK。

# 知っておきたい、ちょっとしたこと

## 型の下準備

水分が多い生地を焼く場合は、オーブンシートを全体に敷いて、シートごと上に引き上げられるようにします。私が使っているのはグラスファイバーシートで、何度も使い回せるタイプ。もちろん普通のオーブンシートでもOK。下準備は同じです。

**1**

型を逆さにしてオーブンシートを広げてのせ、左右をシートで包むようにしたときに両端が型から少し余るくらいにする。

**2**

1で測ったサイズを踏まえて、余分なオーブンシートをハサミで切って正方形にする。

**3**

型を逆さにしてオーブンシートを広げてのせ、底面に合わせて軽く折り目をつける。

**4**

底面の内側サイズに合わせて（外側サイズよりほんの少し小さく）折りたたむ。

**5**

側面になる部分の縦2ヶ所、横2ヶ所の折り目にハサミで切り込みを入れる。これで4つの側面が同じ大きさになる。

**6**

オーブンシートの立ち上がりの部分を重ねて、型に敷き入れる。このとき、短い方の辺を外側にして型に入れる。

## 耐熱容器で焼くときもあります

水分の多いフィリングが入るケーキ、型の中で水分の多いクリームを浸して仕上げるケーキは、底がとれる型は向かないので、耐熱容器を用います。耐熱容器で仕上げるとそのまま食卓にのせられ、大きなスプーンを添えてテーブルに供すれば、各自が好きなだけ取り分けることができます。

この本では、型底が17×17cmの耐熱容器、型底が11.5×20×高さ5.5cmの耐熱容器を使用。トレスレチェスケーキ（p.48）、ハウピアケーキ（p.50）、ブルーベリーとバナナのコブラー（p.60）に使っています。型底の内側の面積が15×15×高さ4.5cmの角型と同程度のキャセロールやグラタン皿でもOKです。

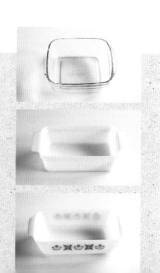

## 計量はスケールで

ケーキ作りでは、まずは計量が大事。より正確に計量できるよう、1mg単位で表示できるものを使います。ボウルをのせたら0gにセットし、そこへ材料を入れていくといいですね。そのため、この本では牛乳、生クリームなどの液体、油などもg表示にしています。

## 小鍋とミニホイッパーが便利

この本で作るケーキは15cm角の型を使った、4〜6人の食べきりサイズ。アイシングやフィリングなども大量に作る必要がないので、大きな鍋やホイッパーを使うほどのこともなく、小鍋とミニホイッパーがあれば十分。

## 生クリームの泡立て

生クリームを泡立てるときは、水気や油分を拭きとったボウルを使うのが基本。水気や油分が混じると、生クリームが分離してしまい、なかなか泡立ちません。少量を泡立てるときは、ボウルの底を氷水（または保冷剤を入れた水）に当ててハンドミキサーで行うと簡単です。

この本のレシピに出てくるのは「6分立て」と「8分立て」。6分立て（写真左）は、ゆるく角が立ちかけているけれど、ホイッパーを上げるととろりと生クリームがたれるくらい。8分立て（写真右）は角がしっかり立って残るくらいが目安です。

6分立て

8分立て

## プレーンケーキも残ったケーキも冷凍できます

焼いたプレーンケーキはラップに包んで冷凍用保存袋に入れて冷凍。15cm角のままでも、切り分けてしまったものでも同様です（写真左）。残ったシートケーキも1切れずつラップに包んでから冷凍用保存袋に入れて冷凍庫へ。いずれも1ヶ月ほど保存可。食べるときは冷蔵庫に移して自然解凍し、そのあとアイシングをかけたりクリームをぬります。リメイクおやつにしても（p.68参照）。

よく使うフロスティング

# クリームチーズフロスティング

ホイップクリームよりもかたさのあるクリームチーズフロスティングは、
レイヤーケーキに一番よく使われるフロスティング。
クリームチーズとバターをそれぞれ十分なめらかにしてから合わせ、
冷蔵庫に入れるとかたくなるので、作ったらすぐに使うようにします。
この本では、バターの代わりに生クリームやヨーグルトを使った
クリームチーズフロスティングのケーキも紹介しています。

材料／15×15cmのシートケーキまたは
15×7.5cmのレイヤーケーキ1台分
クリームチーズ（室温に戻したもの）　100g
バター（食塩不使用。室温に戻したもの）　40g
粉糖　40g

クリームチーズをボウルに入れ、シリ
コンベラでやわらかく、なめらかにな
るまで練る。

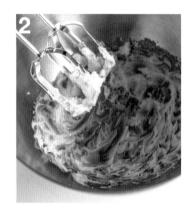

別のボウルにバターを入れ、ハンドミ
キサーでなめらかになるまで混ぜる。

2のボウルにクリームチーズを2回に
分けて加え、その都度ハンドミキサー
でなめらかになるまで混ぜる。

粉糖をザルに入れてふるいながら加
える。

飛び散らないようにシリコンベラで
ざっくりと混ぜて湿らせる。

再びハンドミキサーで混ぜ、ダマがな
くなってふんわりなめらかになれば完
成。混ぜすぎると分離してしまうので
注意。

# レモンカード

難しいと思われがちですが、慣れてしまえば簡単に作れるのがレモンカード。
シートケーキにぬったり、サンドしてレイヤーケーキにしたり……と
いろいろに楽しめます。少し多めに作って、スコーンやトーストにぬったり、
ホイップクリームに混ぜたり、アイスクリームに添えても。
この本ではレモンのほかに、
ベリーやパイナップルのカードを使ったケーキも紹介しています。

**材料／作りやすい分量**

レモン（国産）の皮のすりおろし　1個分
卵（Mサイズ）　1個
グラニュー糖　40g
レモン果汁　40g

塩　少々
バニラオイル　数滴
バター（食塩不使用。
　1cm角に切って室温に戻す）　40g

レモンの皮は黄色い部分だけをすり
おろす。バットの上で行う。

小鍋に卵を入れて溶きほぐし、グラ
ニュー糖を加えて白っぽくなるまで混
ぜ、レモン果汁、塩、バニラオイルを加
えて混ぜ合わせる。

バターを加えて湯煎にかけ、バターを
溶かす。小鍋の底が湯の鍋底に直接
つくと温度が上がりすぎるので、蒸し
台などをかませるとよい。

湯が静かに沸いている状態を保ち、
常にミニホイッパーで混ぜながら、5
分を目安に、カスタードクリームのよ
うなとろみをつける。

すぐにザルで漉して**1**のバットに入れ
て混ぜる。

ラップを貼りつけ、ペーパータオルで
包んだ保冷剤をのせて急冷。すぐに
使わないときは冷蔵庫で保存する。

# チョコレートクリーム

3種類のどのプレーンケーキでも、
このチョコレートのホイップクリームさえあれば、
おいしいシートケーキやレイヤーケーキが作れます。
かために泡立ててもすぐにだれるので、絞り出して使うのには向きませんが、
パレットナイフやシリコンベラでラフにぬり広げて仕上げるのには最適。
暑い時期はだれやすいので、適宜冷やしながら作業してください。

**材料／15×15cmのシートケーキまたは
15×7.5cmのレイヤーケーキ1台分**
生クリーム(乳脂肪分35〜36%)　120g
チョコレート*(カカオ分50〜60%)　35g
*チョコレートは、タブレットならそのまま、かたまりのものなら削る。

ボウルに生クリームの⅓量とチョコレートを入れ、湯煎にかける。

チョコレートが溶けてきたら、中心からシリコンベラで静かに混ぜる。

完全に溶けてなめらかになったら、ボウルの底を氷水に当て、混ぜながら粗熱をとる。

残りの生クリームを少しずつ加えてムラのないように混ぜる。

ボウルの底を氷水に当てたままハンドミキサーで8分立てにする。作ったらすぐに使うようにする。

# カスタードクリーム

作り方をマスターしておくとお菓子作りの幅が広がるクリームです。
パイやプディングにもよく使われますが、レイヤーケーキの中では、
ボストンの伝統的なケーキであるボストンクリームパイ（p.88）の
要となるクリームです。使う分だけ作って手早く冷まし、冷蔵庫に入れ、
当日中にいただくのが最高。薄力粉の半量をコーンスターチに置き換えると、
とろりとした仕上がりになります。

**材料／15×15cm のシートケーキまたは
15×7.5cm のレイヤーケーキ1台分**

| | |
|---|---|
| 卵黄　1個分 | バニラオイル　数滴 |
| グラニュー糖　20g | 牛乳　100g |
| 薄力粉　10g | |

ボウルに卵黄を入れてミニホイッパーでよく混ぜ、グラニュー糖10gを入れて白っぽくなるまでよく混ぜる。

薄力粉をザルに入れてふるいながら加え、バニラオイルを入れて混ぜる。

小鍋に牛乳、グラニュー糖10gを入れて中火にかけ、沸騰直前に火を止め、**2**に少しずつ加えて混ぜる。

ザルや漉し器で漉して小鍋に戻し入れる。

中火にかけて絶えず混ぜ、とろみがついてきたら一度火からおろして手早く全体を混ぜてなめらかにし、再度火にかける。フツフツとしてきたら火を止める。

バットに広げてラップを貼りつけ、ペーパータオルで包んだ保冷剤をのせて急冷する。傷みやすいのでできるだけ早く冷やす。

# イエローケーキ

### Yellow Cake

最もスタンダードなプレーンケーキで、卵色なのでイエローケーキと呼ばれます。
スポンジケーキのようにふんわりはしておらず、バターケーキほど重たくもなく、
水分がたっぷり入るのでしっとりと目の詰まった焼き上がりです。
ヨーグルトを使うので、重曹をほんのひとつまみ入れて酸味を中和させ、
生地をふんわりと浮かせます。

**材料／15cm角の角型1台分**

薄力粉　80g

ベーキングパウダー　小さじ½

重曹　ひとつまみ(小さじ1/10)

塩　ひとつまみ

バター(食塩不使用)　60g

グラニュー糖　70g

卵(Mサイズ)　1個

バニラオイル　少々

プレーンヨーグルト　50g

**準備**

・薄力粉、ベーキングパウダー、重曹、塩は よく混ぜ合わせる。

・バターは1cm角に切って室温に戻す。

・卵は室温に戻して溶く。

・ヨーグルトは室温に戻す。

・型にオーブンシートを敷く(p.8参照)。

・オーブンを180℃に予熱する。

**1**

ボウルにバターを入れて、ハンド ミキサーで白っぽくなるまで混 ぜる。

**2**

グラニュー糖を少しずつ加え、白 くふんわりするまで泡立てる。

**3**

溶いた卵を3〜4回に分けて加 え、その都度ホイップクリーム状 になるまで混ぜる。バニラオイル を加える。

# イエローケーキ
Yellow Cake

**4**

合わせておいた粉類の半量を
ふるい入れ、シリコンベラで練ら
ないように混ぜる。

**5**

粉が見えなくなったら、ヨーグル
トを少しずつ加えて混ぜ合わせ
る。

**6**

粉類の残りをふるい入れて、練
らないように混ぜる。粉が見えな
くなればよい。ダマがあってもよ
いので混ぜすぎない。

**7**

型に入れてならし、30cmくらいの高さから台に5〜6回落として空気を抜く。

**8**

天板にのせ、180℃のオーブンで約25分焼く。竹串を刺して生の生地がつかなければ焼き上がり。

**9**

焼き縮みを防ぐため、布巾の上に型を一度落とす。オーブンシートごと型から取り出し、網にのせて冷ます。やわらかいのでくずれないように気をつける。

# ホワイトケーキ

### White Cake

卵白で作る真っ白な生地なので、ホワイトケーキと呼ばれます。
パウンドケーキほど重たくはなく、スポンジケーキほど軽くなく、
水分が多く入るのでしっとりとして、少し目の詰まった焼き上がりです。
レイヤーケーキに使いやすいよう、できるだけ膨らみを抑えて、
しっかりとした食感に焼き上げます。

材料／15cm角の角型1台分

薄力粉　85g
ベーキングパウダー　小さじ¾
塩　ひとつまみ
バター（食塩不使用）　65g
グラニュー糖　70g
卵白（Lサイズ）　1個分（40g）
バニラオイル　少々
牛乳　45g

準備

・薄力粉、ベーキングパウダー、塩はよく混ぜ
　合わせる。
・バターは1cm角に切って室温に戻す。
・卵白は室温に戻して溶く。
・牛乳は室温に戻す。
・型にオーブンシートを敷く（p.8参照）。
・オーブンを180℃に予熱する。

## 1

ボウルにバターを入れてハンドミキサーで白っぽくなるまで混ぜ、グラニュー糖を3回に分けて加え、白くふんわりするまで泡立てる。

## 2

卵白を3回に分けて加え、その都度ホイップクリーム状になるまで混ぜる。バニラオイルも加える。

## 3

合わせておいた粉類の半量をふるい入れ、シリコンベラで練らないように混ぜる。

# ホワイトケーキ
### White Cake

**4**

粉が見えなくなったら、牛乳を少
しずつ加えて混ぜ合わせる。

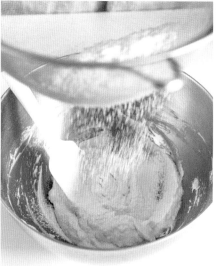

**5**

残りの粉類をふるい入れ、練ら
ないように混ぜる。ダマがあって
もよいので混ぜすぎない。

**6**

生地のでき上がり。卵黄が入っ
ていないので、イエローケーキ
に比べて少し白い。

## 7

型に入れてならし、30cmくらい
の高さから台に5〜6回落として
空気を抜く。

## 8

天板にのせ、180℃のオーブン
で約25分焼く。竹串を刺して生
の生地がつかなければ焼き上が
り。

## 9

焼き縮みを防ぐため、布巾の上
に型を一度落とす。オーブンシー
トごと型から取り出し、網にのせ
て冷ます。やわらかいのでくず
れないように気をつける。

# ココアケーキ

## Chocolate Cake

ココア風味のケーキで、チョコレート色なのでチョコレートケーキとも呼ばれます。
ココアパウダーは熱湯で溶いてから加えるのがポイント。
溶くことで生地に混ざりやすくなり、ぐっと香りも立ちます。
また、重曹はしっかりと混ぜること。
混ざっていないと苦みが出たり、膨らみすぎて空洞ができやすくなります。

材料／15cm角の角型1台分

薄力粉　70g
重曹　小さじ¼
塩　ひとつまみ
バター(食塩不使用)　45g
植物油(太白ごま油など香りの
　薄いもの)　10g
グラニュー糖　70g
卵(Mサイズ)　1個
バニラオイル　少々
ココアパウダー(無糖)　15g
熱湯　45g

準備

・薄力粉、重曹、塩はよく混ぜ合わせる。
・バターは1cm角に切って室温に戻す。
・卵は室温に戻して溶く。
・型にオーブンシートを敷く(p.8参照)。
・オーブンを170℃に予熱する。

**1**

小さなボウルにココアパウダーをふるい入れ、分量の熱湯を静かに注ぎ、ミニホイッパーでなめらかになるまで混ぜる。そのまま室温まで冷ます。

**2**

別のボウルにバターを入れてハンドミキサーで白っぽくなるまで混ぜ、植物油を加えてなめらかになるまで混ぜる。

**3**

グラニュー糖を少しずつ加えて白くふんわりするまで泡立てる。

# ココアケーキ
Chocolate Cake

**4**

溶いた卵を3〜4回に分けて加え、その都度ホイップクリーム状になるまで混ぜ、バニラオイルを加える。

**5**

合わせておいた粉類の半量をふるい入れ、シリコンベラで練らないように混ぜる。

**6**

粉が見えなくなったら、1を少しずつ加えて混ぜ合わせる。

**7**

残りの粉類をふるい入れ、練らないように混ぜる。粉が見えなくなればよい。ダマがあってもよいので混ぜすぎない。

**8**

ココア生地のでき上がり。型に入れてならし、30cmくらいの高さから台に5〜6回落として空気を抜く。

**9**

天板にのせ、170℃のオーブンで約25分焼く。竹串を刺して生の生地がつかなければ焼き上がり。布巾の上に型を一度落とし、オーブンシートごと型から取り出し、網にのせて冷ます。

# 焼きっぱなしを楽しむ

ケーキが焼き上がったら、まずはそのおいしさを味わってみましょう。
シートケーキやレイヤーケーキは冷めてから使いますが、
ケーキそのものを楽しむなら、まだ温かいうちでもOK。
フルーツやアイスクリームを添えたり、ホイップクリームをのせるだけでも十分！
手作りだからこその醍醐味です。

## イエローケーキの
## フルーツとマスカルポーネ添え
### Yellow Cake with Fruit and Mascarpone

焼きたてのイエローケーキに、季節のフルーツと
口当たりなめらかでクセのないマスカルポーネの取り合わせ。
ここではネクタリンとブルーベリーを添えましたが、好みのものを好きなだけ。
はちみつの代わりにメープルシロップでも。

**材料／2人分**
イエローケーキ(p.14参照)　¼台
ネクタリン、ブルーベリー　各適量
マスカルポーネチーズ　大さじ山盛り2
はちみつ　適量
タイム（あれば）　少々

1　イエローケーキは三角に切る。
2　ネクタリンは洗って皮つきのまま薄いくし形に切る。
　　ブルーベリーは洗って水気を拭く。
3　器にイエローケーキとマスカルポーネチーズを盛り、
　　ネクタリンとブルーベリーを添える。
　　はちみつをかけ、タイムを飾る。

ここではイエローケーキを
三角に切って使っているが、
切り方は好みでOK。
ココアケーキで作ってもおいしい。

# バナナプディングケーキ

Banana Pudding Cake

軽いクッキーとバニラプディング、バナナを層にして重ねる、
アメリカ南部のデザート「バナナプディング」をイメージした食べ方です。
ここではバニラアイスクリームにミニサイズのオレオクッキーを刺してアクセントにします。

**材料／3人分**
イエローケーキ（p.14参照）　½台
バナナ　1本
バニラアイスクリーム　適量
オレオクッキー（ミニサイズ）　3枚
好みのハーブ（あれば）　少々

1　イエローケーキは四角く切る。
2　バナナは1cm厚さの斜め切りにする。
3　器にイエローケーキを盛ってバナナをのせ、
　　アイスクリームをディッシャーでのせる、
　　アイスクリームにクッキーを刺す。彩りにハーブを添える。

# ホワイトケーキのオーバーナイト・ドライフルーツヨーグルト添え

White Cake with Yogurt and Dried Fruit

ヨーグルトにドライフルーツやナッツを混ぜてひと晩（＝オーバーナイト）冷蔵庫で寝かせると、
フルーツはヨーグルトの水分を吸ってふっくら戻り、ヨーグルトは余計な水分が抜けて濃厚に。
栄養バランスがよく、朝食にもおすすめ。

**材料／2人分**
ホワイトケーキ（p.18参照）　¼台
プレーンヨーグルト　100g
ドライフルーツ
　（レーズン、ドライクランベリー、
　ドライあんずなど）　30g
ナッツ
　（クルミ、アーモンド、かぼちゃの種、
　ココナッツロングなど）　適量

1　ボウルにヨーグルト、ドライフルーツ、
　　ナッツを入れて混ぜ合わせ、ラップをして冷蔵庫でひと晩おく。
2　ホワイトケーキは三角に切る。
3　器にホワイトケーキを盛り、**1**を添える。
　　さらに好みでドライフルーツやナッツ少々（分量外）を散らす。

# ブラックベリージャムケーキ

**Blackberry Jam Cake**

スパイスとブラックベリージャムを加えて焼き上げてキャラメルアイシングで仕上げる
ケンタッキー州の名物「ブラックベリー・ジャムケーキ」をイメージとした食べ方です。
寒い季節にはローズマリーの代わりに
シナモンやクローブパウダーをふるのもおすすめ。
ジャムは市販品にひと手間加えて酸味と香りをプラスして使います。

**材料／3〜4人分**
ホワイトケーキ（p.18参照）　½台
ブラックベリージャム　大さじ3
レモン果汁　数滴
ローズマリーの葉　4〜5枚
粉糖　適量

1　ホワイトケーキは三角に切り、ジャムがはさめるように厚みを半分に切る。
2　ローズマリーは細かく刻む。耐熱容器にローズマリー、
　　ブラックベリージャム、レモン果汁を入れて電子レンジで10〜15秒加熱する。
3　2をホワイトケーキの片面にぬってはさむ。
4　器に盛り、粉糖を茶漉しでふる。

ここではホワイトケーキを
三角に切って使っているが、
四角く切っても。
ブラックベリーのジャムと
ホワイトケーキがよく合う。

31

# ココアケーキのホイップクリーム添え
Chocolate Cake with Whipped Cream

ココアケーキと生クリームの定番の組み合わせ。
シンプルですが、これ以上ないくらい相性のよい食べ方です。
生クリームには砂糖を加えてもいいし、ほんの少しラム酒を加えてもよく合います。
大人用にはピンクペッパーをふって色と香りのアクセントにします。

**材料／2人分**
ココアケーキ（p.22参照）　¼台
生クリーム（乳脂肪分40％台）　適量
ピンクペッパー　適量

1　ボウルに生クリームを入れ、
　　ハンドミキサーで8分立てにする。
2　ココアケーキは四角く切る。
3　ココアケーキを器に盛り、
　　1をたっぷりと添え、ピンクペッパーを散らす。

# ココアケーキのピーナッツバターと
# オレンジピール添え
## Chocolate Cake with Peanut Butter and Orange Peel

ココアケーキと相性のよいピーナッツバターをぬり、
大ぶりのオレンジピールを添えて華やかさを出します。
ピーナッツバターはチャンクタイプでもスムーズタイプでも。
オレンジピールは細切りのものでもいいし、なければマーマレードでも。

**材料／2人分**
ココアケーキ（p.22参照） ⅛台
ピーナッツバター　適量
オレンジピール（輪切りのもの）　適量

1　ココアケーキは四角く切る。
2　ココアケーキを器に盛り、ピーナッツバターをのせ、
　　オレンジピールを添える。

Sheet Cake

# シートケーキ

薄い四角形に焼き上げるのでそう呼ばれる「シートケーキ」は、
層に重ねるレイヤーケーキと違い、デコレーションが手軽で気楽。
上にのせるクリームがゆるいときは、
ケーキを型に入れたままクリームをぬり広げて
そのまま食卓に運ぶこともできるおおらかさも魅力です。
丸いケーキとは違って、好きな形、好きな大きさに切り分けやすいので、
大きく焼いて、大人数でのバースデーパーティーや
ウェディングのケーキとしてもよく使われます。

# レモニーレモンポピーシードケーキ

Lemony Lemon Poppy Seed Cake

ポピーシード（けしの実）は豊作などのシンボルとしてイースターやウェディング、
クリスマスやニューイヤーイヴのお菓子に使われてきました。
ドイツやオーストリア、ハンガリーなどの
焼き菓子によく使われるほか、ペースト状にしたものは、
ユダヤ教の祭りであるプーリームのときに食べる
ハマンタッシュのフィリングなどに使われます。
現在のアメリカではレモン風味のケーキやマフィンが定番。
レモンアイシングも欠かせません。

材料／15cm角の角型1台分
イエローケーキ（p.14参照）
　　1台分の生地
ブルーポピーシード　15g
レモン（国産）の皮のすりおろし
　　1個分
レモンアイシング
┌ 粉糖　60g
└ レモン果汁　小さじ2½弱
仕上げ用レモンの皮のすりおろし
　　適量

準備
・型にオーブンシートを敷く（p.8参照）。
・オーブンを180℃に予熱する。

イエローケーキを手順通りに作る。ただし、粉を加える際（p.16作り方6）にブルーポピーシードとレモンの皮のすりおろしを加える。

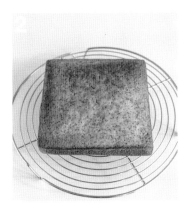

手順通りに焼いて網にのせて冷ます。

レモンアイシングを作る。小さなボウルに粉糖をふるい入れ、レモン果汁を加えてミニホイッパーで混ぜ、艶やかでなめらかにする。

ケーキをのせた網の下にラップを敷き、ケーキの中心にアイシングを流す。

シリコンベラで縁ギリギリまで広げる。下にたれても構わない。

レモンの皮のすりおろしを散らす。アイシングがかたまってから切る。

材料／15cm角の角型1台分
ホワイトケーキ（p.18参照）　1台
チョコレートクリーム（p.12参照）　1レシピ分
ピスタチオ　少々
フリーズドライフランボワーズ　少々

準備
・ホワイトケーキを手順通りに焼いて網にのせて冷ます。

ピスタチオは殻と薄皮を除いて細かく
刻む。フリーズドライフランボワーズ
は砕く。

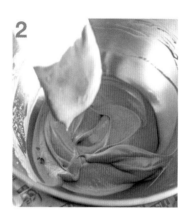

チョコレートクリームは p.12 を参照し
て作る。

冷めたケーキの中心にチョコレートク
リームをのせる。

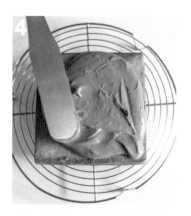

パレットナイフで全体にぬり広げる。

ピスタチオ、フリーズドライフランボ
ワーズを散らす。冷蔵庫で冷やして
チョコレートクリームをかためる。

# チョコレートクリームとホワイトケーキ
White Cake with Chocolate Frosting

シートケーキの定番です。
ぬって重ねるレイヤーケーキと違い、表面にぬり広げるだけなので、
クリームの泡立て具合などに神経質にならなくてよいので気軽。
日常のおやつにはもちろん、キャンドルを立てれば
手軽なバースデーケーキとしても楽しめます。
シンプルなケーキなので、生クリームも
チョコレートも、良質のものを使うのがおすすめです。

# コーヒー＆ラム酒クリームのココアケーキ
Chocolate Cake with Coffee Rum Whipped Cream

チョコレートのクリームを作るのは面倒、
かといってプレーンのホイップクリームだけでは
ちょっと寂しい。そんなときは、インスタントのコーヒーと
ラム酒で香りづけしたホイップクリームはいかがですか。
コーヒーをしっかり溶かすことで、なめらかで口当たりのよいクリームができます。

材料／15cm角の角型1台分
ココアケーキ（p.22参照）　1台
コーヒー＆ラム酒クリーム
[ 生クリーム（乳脂肪分40％台）
　　120㎖
　インスタントコーヒー　小さじ⅔
　グラニュー糖　10g
└ ラム酒（ダーク）　小さじ½
ココアパウダー（無糖）　適量

準備
・ココアケーキを手順通りに焼いて網
　にのせて冷ます。

コーヒー＆ラム酒クリームを作る。ボウ
ルに生クリーム大さじ1、インスタント
コーヒー、グラニュー糖を入れて湯煎
にかけてミニホイッパーで溶かし、ボ
ウルの底を氷水に当てて粗熱をとる。

ラム酒を加えて混ぜる。

残りの生クリームを加え、氷水に当て
て冷やしながら、ハンドミキサーで8
分立てにする。

冷めたケーキの上にのせ、パレットナ
イフで表情を出しながら全体にぬり広
げる。

ココアパウダーを茶漉しなどでふる。

# タイムと赤いベリーカードのケーキ
Lemon and Thyme Cake with Mixed Berry Curd

カードはレモンカードだけではありません。
いちごとラズベリーで作る華やかな香りのカードは、
シンプルなホワイトケーキによく合います。
ケーキはベリーと相性のよいタイムとレモンで香りをつけます。
酸味のあるケーキなので、アイスクリームを添えて食べるのもおすすめです。

## 材料／15cm角の角型1台分

ホワイトケーキ（p.18参照）
　1台分の生地
タイムの葉　小さじ½
レモン（国産）の皮のすりおろし
　小1個分

赤いベリーカード
┌ 卵黄（Mサイズ）　1個分
│ グラニュー糖　30g
│ コーンスターチ　5g
│ いちごのピュレ（市販）　80g
│ ラズベリーのピュレ（市販）　20g
│ レモン果汁　小さじ1½
└ バター（食塩不使用）　30g
仕上げ用タイムの葉　少々

## 準備

・バターは室温に戻す。
・型にオーブンシートを敷く（p.8参照）。
・オーブンを180℃に予熱する。

**1** ホワイトケーキを手順通りに作る。ただし、粉を加える際（p.20作り方**5**）にタイムの葉、レモンの皮のすりおろしを加える。手順通りに焼いて網にのせて冷ます。

**2** 赤いベリーカードを作る。ボウルに卵黄とグラニュー糖の半量を入れてミニホイッパーで白っぽくなるまで混ぜ、コーンスターチを加えて混ぜ合わせる。

**3** 小鍋にいちごのピュレ、ラズベリーのピュレ、レモン果汁、残りのグラニュー糖を入れて中火にかけ、フツフツと沸いてきたら**2**のボウルに少しずつ加えてミニホイッパーで混ぜる。

**4** **3**を小鍋に戻してバターを加え、湯煎にかける。湯が静かに沸いている状態を保ち、小鍋の底が湯に直接触れないようにし、5分ほど混ぜ、カスタードクリームのようなとろみをつける。

**5** 漉しながらバットに移し、ラップを貼りつけ、ペーパータオルで包んだ保冷剤をのせて急冷する。

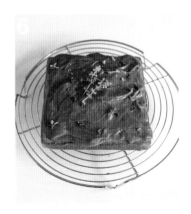

**6** シリコンベラで混ぜて再びなめらかにし、**1**のケーキの上にのせ、パレットナイフで全体にぬり広げる。タイムの葉を飾る。

# ローズマリーとレモンカードのココアケーキ
Rosemary Chocolate Cake with Lemon Curd

ココアのケーキには酸味の効いたレモンカードがよく合います。
ローズマリーで香りをつければ夏にぴったりなケーキになります。
p.42の「タイムと赤いベリーカードのケーキ」と同様、酸味があるケーキなので、
ゆるく泡立てた生クリームやアイスクリームを添えて食べても。

材料／**15cm角の角型1台分**
ココアケーキ（p.22参照）
　1台分の生地
ローズマリーの葉　小さじ½
レモンカード（p.11参照）　1レシピ分
仕上げ用ローズマリーの葉　適量

**準備**
・型にオーブンシートを敷く（p.8参
　照）。
・オーブンを170℃に予熱する。

ココアケーキを手順通りに作る。ただ
し、粉を加える際（p.24作り方**5**）に
ローズマリーの葉を加える。

手順通りに焼いて網にのせて冷ます。

レモンカードはp.11を参照して作って
冷やし、使う直前にシリコンベラで混
ぜてなめらかにする。

冷めたケーキの上にレモンカードを
のせ、パレットナイフで全体にぬり広
げる。

ローズマリーの葉を散らす。

# キャラメルポップコーンケーキ
## Caramel Cake with Caramel Popcorn

アメリカ映画『ヘルプ』にも登場するキャラメルケーキはアメリカ南部の伝統的なケーキで、

キャラメルアイシングやフロスティングをぬり広げる濃厚なもの。

キャラメルケーキにもいろいろあり、ここで紹介するのは、

ケーキにキャラメルソースをかけるシンプルなもので、

キャラメルポップコーンをのせて仕上げます。

キャラメルポップコーンは市販のキャラメルを使ってオーブンで乾燥させると失敗知らずです。

材料／15cm角の角型1台分

イエローケーキ（p.14参照）　1台
キャラメルアイシング
- 生クリーム（乳脂肪分30％台）　100g
- きび砂糖　45g
- はちみつ　10g
- 塩　ひとつまみ
- バニラオイル　少々

キャラメルポップコーン
- ポップコーン（塩味）　30g
- キャラメル　約5g×8個
- 牛乳　20g
- バター（食塩不使用）　5g

準備
・イエローケーキを手順通りに焼いて
　網にのせて冷ます。
・オーブンを150℃に予熱する。

1 キャラメルポップコーンを作る。小鍋にキャラメル、牛乳、バターを入れて弱火にかけ、キャラメルをシリコンベラでつぶしながら溶かす。

2 キャラメルが溶けたら中火にし、全体がフツフツとしてきたら火を止め、ポップコーンを入れてキャラメルをからめる。

3 オーブンシートを敷いた天板に広げてのせ、150℃のオーブンで15分ほど乾燥焼きする。途中で様子を見て焦げそうになれば温度を140℃に下げる。オーブンに入れたまま冷ます。

4 キャラメルアイシングを作る。小鍋にすべての材料を入れて混ぜ、きび砂糖が溶けたら中火にかけ、水でぬらした刷毛で鍋の縁をはらいながらフツフツと沸いた状態を保つ。混ぜない。

5 クッキング温度計で計って110℃になったら火を止める。

6 ケーキをのせた網の下にラップを敷き、ケーキの上にアツアツのアイシングを回しかける。下にたれても構わない。キャラメルポップコーンをのせる。

材料／**型底が 11.5×20×**
**高さ 5.5cm の耐熱容器1台分**
イエローケーキ（p.14参照）
　　1台分の生地
3種類のミルク
　┌ ココナッツミルク　140g
　│ コンデンスミルク　70g
　└ 生クリーム（乳脂肪分40％台）　40g
コンデンス入りクリーム
　┌ 生クリーム（乳脂肪分40％台）　160g
　│ コンデンスミルク　20g
　└ バニラエッセンス　少々
カスタードクリーム（p.13参照）
　　1レシピ分
いちご　適量

**準備**
・耐熱容器にバター（分量外）を薄くぬ
　る。
・オーブンを180℃に予熱する。

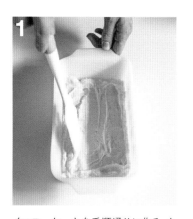

イエローケーキを手順通りに作る。た
だし、生地は角型に入れず、バターを
薄くぬった耐熱容器に入れて真ん中
を少し凹ませ、空気抜きはしない。天
板にのせて180℃のオーブンで約25
分焼く。

焼き上がったら容器から出さず、全体
にフォークで穴を開ける。

ボウルに3種類のミルクを入れて混
ぜ合わせる。ココナッツミルクがかた
まっているときは湯煎などで溶かして
から使う。2のケーキが温かいうちに
静かに注ぎ入れる。

ケーキをシリコンベラでそっと持ち上
げて容器の底や側面にもミルクが行
き渡るようにする。粗熱がとれたら2
～3時間冷蔵庫に入れる。ひと晩おい
てもよい。

コンデンス入りクリームを作る。氷水
を当てたボウルに生クリームを入れ
てハンドミキサーで6分立てにし、コ
ンデンスミルク、バニラエッセンスを
加えて8分立てにする。

カスタードクリームをボウルに入れて
シリコンベラでなめらかにし、4のケー
キにのせ、5のクリームを重ねて広げ
る。ヘタをとって縦薄切りにしたいち
ごをのせる。スプーンで取り分ける。

# トレスレチェスケーキ

Tres Leches Cake

スペイン語で Tres Leches＝3種類のミルクに浸すミルキーなケーキ。
今回は定番のエバミルクの代わりにココナッツミルクを使い、風味豊かに仕上げます。
1970〜80年代にネスレ社のクックブックや、
La Lechera のコンデンスミルク缶にレシピが載り、広まりました。
型の中でケーキをミルクに浸すので、底がとれる型は向かず、耐熱容器で作ります。

# ハウピアケーキ
Haupia Cake

ハワイで愛されているココナッツのプディング＝ハウピア。
ハワイではタロイモデンプンでとろみをつけますが、
アメリカでプディング作りの際により一般的に使われるコーンスターチで作れば手軽。
耐熱容器で焼いて仕上げると、そのまま食卓にのせられます。
見た目はシンプルですが、コクがあってしっかりとした味わいです。

材料／型底が 17×17cm の
耐熱容器1台分
ホワイトケーキ（p.18参照）
　1台分の生地
ハウピアプディング
┌ ココナッツミルク　160g
│ 牛乳　120g
│ グラニュー糖　30g
└ コーンスターチ　20g
ココナッツロング　10g

準備
・耐熱容器にバター（分量外）を薄くぬ
　る。
・オーブンを180℃に予熱する。

ホワイトケーキを手順通りに作る。た
だし、生地は角型に入れず、バターを
薄くぬった耐熱容器に入れて真ん中
を少し凹ませ、空気抜きはしない。

天板にのせて180℃のオーブンで約
25分焼く。焼けたら容器から出さず、
そのまま冷ます。

ハウピアプディングを作る。小鍋にグ
ラニュー糖とコーンスターチを入れて
ミニホイッパーでよく混ぜる。牛乳を
少しずつ加えてコーンスターチがなめ
らかに溶けるまでよく混ぜる。

ココナッツミルクを加えて弱火にかけ、
混ぜながらとろみをつける。フツフツ
と沸いてきたら火からおろす。

すぐに2のケーキの上に流し、ならす。

ココナッツをのせ、粗熱がとれたら冷
蔵庫で冷やしかためる。

材料／15cm角の角型1台分

ココアケーキ（p.22参照）　1台分の生地
シナモンパウダー　小さじ¼
ナツメグパウダー　ひとつまみ
クローブパウダー　ひとつまみ
パンプキンチーズフロスティング
- かぼちゃ（皮と種を除いたもの）　50g
- クリームチーズ　100g
- シナモンパウダー　小さじ½
- ナツメグパウダー　ひとつまみ
- クローブパウダー　ひとつまみ
- はちみつ　30g

ピーカンナッツ　20g
かぼちゃの種　10g
シナモンシュガー*　適量

*シナモンシュガー……シナモンパウダー1対
グラニュー糖10の割合で混ぜる。

準備

・クリームチーズは室温に戻す。
・ピーカンナッツは160℃のオーブン
　で8分ほどローストするか、フライパ
　ンで乾煎りし、粗く刻む。
・型にオーブンシートを敷く（p.8参
　照）。
・オーブンを170℃に予熱する。

ココアケーキを手順通りに作る。ただ
し、粉を加える際（p.24作り方5）に、
シナモンパウダー、ナツメグパウダー、
クローブパウダーを一緒にふるい入
れる。

手順通りに焼いて網にのせて冷ます。

パンプキンフロスティングを作る。か
ぼちゃはひと口大に切って耐熱容器
に入れてラップをふんわりかけ、電子
レンジで約2分加熱する。スプーンの
背でつぶしてなめらかにし、冷ます。

ボウルにクリームチーズを入れてシリ
コンベラでなめらかになるまでよく練
り、3のかぼちゃを加えて練り混ぜる。

シナモンパウダー、ナツメグパウダー、
クローブパウダーを混ぜ合わせて加
え、はちみつを少しずつ加えながら混
ぜる。

冷めたケーキの上にのせ、パレットナ
イフで全体にぬり広げ、ピーカンナッ
ツとかぼちゃの種を散らす。好みで食
べる直前にシナモンシュガーをふる。

# パンプキンチーズフロスティングのココアケーキ
## Chocolate Spice Cake with Pumpkin Cream Cheese Frosting

スパイスを合わせたかぼちゃのお菓子はホリデーシーズンに欠かせません。
ケーキにぬり広げたかぼちゃ入りのクリームチーズフロスティングは、
ケーキだけではなく、シンプルなマフィンと組み合わせたり、
ジンジャークッキーのディップにも。
ケーキとフロスティングのスパイスの量は、好みで加減してください。

# アボカドフロスティングのココアケーキ

**Chocolate Cake with Avocado Lemon Frosting**

濃厚でなめらかな植物性のフロスティングが魅力。
レモンを加えることでさわやかな風味がつき、変色も防げます。
生のアボカドは当たり外れが大きいので、
コンビニエンスストアで冷凍アボカドを見つけてからはそればかり。
手間もかからず、気軽にアボカドフロスティングが作れるようになりました。

材料／15cm角の角型1台分
ココアケーキ（p.22参照）
　1台分の生地
チョコチップ　50g
アボカドフロスティング
┌ アボカド（冷凍）　150g
│ レモン果汁　大さじ1
│ 粉糖　50g
└ バニラエッセンス　少々
チョコレート（好みのもの）　20g

準備
・アボカドは半解凍または解凍する。
・型にオーブンシートを敷く（p.8参照）。
・オーブンを170℃に予熱する。

ココアケーキを手順通りに作る。ただし、粉を加えたあと（p.25作り方7）にチョコチップを加える。

手順通りに焼いて網にのせて冷ます。

アボカドフロスティングを作る。アボカド、レモン果汁、粉糖、バニラエッセンスをハンディブレンダー用の容器に入れる。

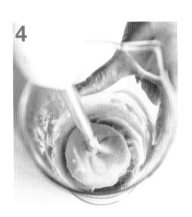

なめらかになるまで撹拌する。

冷めたケーキの上にのせ、パレットナイフで表情を出しながら全体にぬり広げる。

チョコレートを湯煎で溶かし、先の細い絞り出し袋を使って筋状に絞る。ビニール袋に入れて先端を少し切り落として絞り出しても。

# パイナップルサンシャインケーキ

Pineapple Sunshine Cake

型底にパイナップルを敷く「アップサイドダウンケーキ」や、
パイナップルとバナナを生地に焼き込む「ハミングバードケーキ」など、
パイナップルはアメリカのケーキによく使われます。
中でもパイナップル好きにおすすめなのがこちら。
焼きたてのケーキにパイナップルの缶汁をしみ込ませ、
カードにもクリームにもパイナップルがたっぷり。
口いっぱいにキラキラとした輝きが広がるよう。

材料／15cm角の角型1台分

ホワイトケーキ（p.18参照）
　1台分の生地
パイナップル缶の缶汁　80g
パイナップルカード
┌ 卵黄（Lサイズ）　1個分
│ グラニュー糖　15g
│ パイナップルジュース（果汁100%）
│ 　30g
└ バター（食塩不使用）　20g

チーズヨーグルトクリーム
┌ クリームチーズ　80g
│ きび砂糖　小さじ1
│ プレーンヨーグルト（かためのもの*）
│ 　20g
└ パイナップル（缶詰）　2枚
仕上げ用パイナップル（缶詰）　1½枚
クルミ　10g
ココナッツロング　10g

*水分が多いヨーグルトを使う場合は、ペーパータオルを3重に敷いたザルに入れて1時間ほど水きりし、水きり後に計量して使う。

準備

・バターは1cm角に切って室温に戻す。
・クリームチーズは室温に戻す。
・パイナップルはすべて細かく刻んで汁気をきり、ペーパータオルで包んでしっかりと汁気を絞る。
・クルミは160℃のオーブンで8分ほどローストするか、フライパンで乾煎りし、粗く刻む。
・型にオーブンシートを敷く（p.8参照）。
・オーブンを180℃に予熱する。

ホワイトケーキを手順通りに作る。ただし、焼き上がったら型から出さずに表面全体を楊枝でつつき、パイナップル缶の缶汁をスプーンでかける。粗熱がとれたら型から出して冷ます。

パイナップルカードを作る。小鍋に卵黄とグラニュー糖を入れてミニホイッパーで白っぽくなるまで混ぜ、パイナップルジュースを加えてさらに混ぜる。

バターを加え、湯煎にかける。湯が静かに沸いている状態を保ち、小鍋の底が湯に直接触れないようにし、5分を目安に混ぜ、カスタードクリームのようなとろみをつける。

漉しながらバットに移し、ラップを貼りつけ、ペーパータオルで包んだ保冷剤をのせて急冷する。その後、1のケーキの上に端から1.5cmほど空けてぬり広げ、冷蔵庫で冷やす。

チーズヨーグルトクリームを作る。ボウルにクリームチーズを入れてミニホイッパーで混ぜてなめらかにし、きび砂糖、ヨーグルトの順に加えてその都度よく混ぜ、パイナップルを加える。

4の上にチーズヨーグルトクリームを少しずつのせてぬり広げ、パイナップルとクルミ、ココナッツをのせる。

**材料／15cm角の角型1台分**

イエローケーキ（p.14参照）
　1台分の生地
いちごとラズベリーのゼリー
- いちごのピュレ（市販）　60g
- ラズベリーのピュレ（市販）　20g
- はちみつ　15g
- 粉ゼラチン　1.5g

ラズベリーのクリームチーズフロスティング
- クリームチーズ　40g
- 生クリーム（乳脂肪分30％台）　80㎖
- グラニュー糖　大さじ1
- ラズベリーのピュレ（市販）　30g

いちご、ラズベリー　各適量

**準備**

・小さい容器に水小さじ2（分量外）を入れ、粉ゼラチンをふり入れてふやかす。
・クリームチーズは室温に戻す。
・型にオーブンシートを敷く（p.8参照）。
・オーブンを180℃に予熱する。

イエローケーキを手順通りに作る。ただし、焼き上がったら型から出して逆さまにして網にのせ、太めの菜箸の持ち手の部分で⅔の深さまで穴を開ける。できるだけ隙間なく、大きめに。

いちごとラズベリーのゼリーを作る。小鍋に粉ゼラチン以外の材料を入れて中火にかけ、沸いてきたら火を止め、ふやかしたゼラチンを加えて溶かす。とろみがつくまで氷水を当てておく。

1のケーキの穴に2をスプーンで入れる。菜箸でゼリーを押し込み、残りの2をさらに入れて、表面にも薄くぬり広げる。冷蔵庫で1時間ほど冷やしかためる。

フロスティングを作る。ボウルに生クリームとグラニュー糖を入れて氷水に当てながらハンドミキサーで6分立てにし、⅓量を練ったクリームチーズに加えて混ぜ合わせ、ボウルに戻す。

再び6分立てにし、ラズベリーのピュレを加えて8分立てにする。

3のケーキに5のフロスティングをのせてパレットナイフでぬり広げ、ヘタをとって縦に切り分けたいちご、ラズベリーを飾る。

# 赤いベリーのポークケーキ
Raspberry and Strawberry Poke Cake

焼き上がったケーキを棒で刺して（＝poke）穴を開け、
ゼリー液やプディングをしみ込ませるのが特徴。
この作り方を知ったときは衝撃を受けましたが、
ベーキングパウダーや重曹を使うケーキ特有のエアポケットは、
穴を開けてしまえば気にならないし、デコレーションの技術も不要。
ゼリー液は、熱いまま使えばよくしみ込んでしっとり、
今回のようにとろみをつけてから流せばしっとりしすぎるのを防げます。

手軽にできる家庭的なアメリカのデザートの代表です。
一般的にはフルーツにビスケット生地をのせて焼き上げますが、バリエーションはさまざま。
今回のように水分の多いケーキ生地をのせて焼き上げるのもそのひとつです。
由来のひとつとされるものに、「Cobbled Together＝急ごしらえの、つぎはぎの」があるように、
簡単に作れるラフなスタイル。フルーツはたっぷり、生地は薄い方がおいしいので、
型は少し大きいサイズを選ぶのがおすすめです。

# ブルーベリーとバナナのコブラー
Blueberry and Banana Cobbler

材料／型底が11.5×20×
高さ5.5cmの耐熱容器1台分
イエローケーキ（p.14参照）
　1台分の生地
フィリング*
┌ブルーベリー（生または冷凍）　200g
│バナナ　中3本
│レモン果汁　小さじ2
│グラニュー糖　20g
└薄力粉　大さじ1
バニラアイスクリーム　好みで適量

*フィリングは器が小さいとあふれるので、器
の大きさによりフィリングの量を加減する。フィ
リングの量は容器の底が見えなくなる程度が
目安。

準備
・耐熱容器にバター（分量外）を薄くぬ
　る。
・オーブンを180℃に予熱する。

バナナは皮をむいて2cm厚さに切る。
容器にブルーベリーとバナナ、レモン
果汁を入れ、グラニュー糖と薄力粉を
混ぜ合わせて加え、全体にからめる。

180℃でオーブンを予熱する際、1を
入れて10〜15分加熱する。

イエローケーキを手順通りに作る。た
だし、焼かずに生地だけ作る（p.16作
り方6まで）。

オーブンの予熱が終わったら2を取り
出し、3の生地をのせてならす。全体
をおおわず、フルーツの蒸気が抜け
るように少し隙間を空ける。

180℃のオーブンで約40分焼く。竹
串を刺して生の生地がつかなければ
焼き上がり。温かいうちに器に取り分
け、アイスクリームを添える。

# ココアケーキのブリッツトルテ
**Blitz Torte**

ケーキ生地にメレンゲをのせて焼き上げる、ドイツ由来のアメリカンケーキ。
焼きっぱなしでも見栄えがよく、おいしくてすぐになくなることから、
Blitz＝電撃的という名前がついたといわれています。
メレンゲに入れる砂糖の目安は卵白の2倍量。
減らすとカリッと焼き上がらないのでご注意を。

## 材料／15cm角の角型1台分

ココアケーキ（p.22参照）
　1台分の生地
メレンゲ
「 卵白（Mサイズ）　1個分
　グラニュー糖*　60g
　バニラオイル　少々

*卵が大きく卵白の量が多いときは、卵白を計量し、グラニュー糖は卵白の2倍量を目安に使用する。たとえば卵白30gのときはグラニュー糖60g、卵白40gのときはグラニュー糖80g。

## 準備

・型にオーブンシートを敷く（p.8参照）。その際、側面の紙を型より少し高めにしてとり出しやすくする。
・オーブンを160℃に予熱する。

ココアケーキを手順通りに作る。ただし、型に流して空気を抜き（p.25作り方8まで）、縁が高くなるように整える。まだ焼かない。

メレンゲを作る。油気も水気もないボウルに卵白を入れ、ハンドミキサーで角が立つまで泡立てる。グラニュー糖を5〜6回に分けて加え、その都度角が立つまで泡立てる。バニラオイルを加える。

1のケーキ生地の上にメレンゲを少しずつのせ、全体に広げる。中心は薄めにし、縁を少し空けておく。

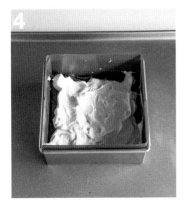

天板にのせ、160℃のオーブンで約60分焼く。

メレンゲがカリカリになり、竹串を刺して生の生地がつかなければ焼き上がり。

オーブンシートの上部を持ちながらそっと型から出し、網にのせて冷ます。きれいに切れないが、焼きたてもおいしい。

材料／15cm角の角型1台分
イエローケーキ（p.14参照）
　1台分の生地
りんご（ふじなど身が締まったもの）
　正味70g
クラム
[ バター（食塩不使用）　35g
　薄力粉　60g
　シナモンパウダー　小さじ¾
　ブラウンシュガーまたはきび砂糖
　　30g
　塩　ひとつまみ

準備
・りんごは皮をむいて芯をとり除き、
　薄いいちょう切りにする。
・型にオーブンシートを敷く（p.8参
　照）。
・オーブンを180℃に予熱する。

クラムを作る。ボウルにバターを入れ
て湯煎で溶かし、室温で冷ます。薄力
粉とシナモンパウダーを合わせてふ
るい入れ、ブラウンシュガー、塩を加
える。

菜箸でくるくる混ぜてそぼろ状にする。
大きな粒があれば大豆大につぶす。
混ぜてもそぼろ状にならないときは数
分冷蔵室に入れてから作業をすすめ
る。使う直前まで冷蔵庫に入れておく。

イエローケーキを手順通りに作る。た
だし、粉を加えて8割方混ざったあたり
（p.16作り方6）でりんごを加えて混ぜ
る。粉が見えなくなればよい。

型に入れてならす。

クラムをスプーンなどでまんべんなく
のせ、180℃のオーブンで約30分焼く。
竹串を刺して生の生地がつかなけれ
ば焼き上がり。

やわらかくくずれやすいので、10分
ほどおいてから静かに型からとり出し、
網にのせて冷ます。冷めてから切る。

# アップルクラムケーキ
## Apple Crumb Cake

生地にりんごを入れ、
クラムをたっぷりとのせて焼き上げるドイツ由来のケーキで、
コーヒーと合わせて楽しむコーヒーケーキの一種です。
しっとりとしたケーキとシナモンを利かせた
カリカリ食感のクラムの取り合わせが楽しく、
いつ食べても飽きないおいしさ。
複雑な味わいなのに作るのは簡単。朝食にも向いています。

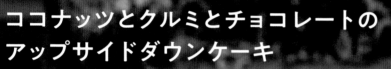

# ココナッツとクルミとチョコレートの
# アップサイドダウンケーキ
## German Chocolate Upside Down Cake

アップサイドダウンケーキは型底にバターや砂糖を敷いてから
フルーツなどをのせることが多いのですが、ここではココナッツ、クルミ、チョコレートを敷いて作ります。
ココナッツを上にのせて焼くと焦げてしまいますが、底に入れればちょうどよい香ばしさ。
甘さも控えめ。コンデンスミルク入りの生クリームを添えていただくと、
ジャーマンチョコレートケーキを思わせる風味になります。

材料／15cm角の角型1台分

ココアケーキ（p.22参照）

　1台分の生地

ココナッツロング　25g

クルミ　50g

板チョコレート（カカオ分60〜70％）

　50g

コンデンス入りクリーム*

　好みで適量

*コンデンス入りクリーム……ボウルに生クリーム（乳脂肪分40％台）160gを入れてハンドミキサーで6分立てにし、コンデンスミルク20g、バニラエッセンス少々を加えて8分立てにする。

準備

・クルミは160℃のオーブンで8分ほどローストするか、フライパンで乾煎りし、細かく刻む。

・型にオーブンシートを敷く（p.8参照）。

・オーブンを170℃に予熱する。

板チョコレートは1cm角に砕く。型の底にココナッツ、クルミ、チョコレートの順に均一に敷き詰める。

ココアケーキを手順通りに作る。ただし、焼かずに生地だけ作り（p.25作り方7まで）、1の上にそっと流し込む。

シリコンベラで表面を静かにならす。縁を少し高くする。

170℃のオーブンで約23分焼く。竹串を刺して生の生地がつかなければ焼き上がり。網にのせて粗熱をとる。

冷めたらオーブンシートごと型からとり出し、ケーキの上に網をかぶせてひっくり返す。

オーブンシートをそっとはずし、冷まします。切り分けて、好みでコンデンス入りクリームを添える。

# ケーキの切り落としを使って

ケーキの切り落としや食べきれずに残ったケーキは、
ラップに包んで冷凍庫で保存しておき、
クラム（細かくくずす）にしてリメイクすると
ケーキとはまた違ったおやつになります。
アイスクリームに混ぜたりショートケーキ仕立てにしたり、シェイクにしたり……と、
簡単に作れるアイデアを紹介します。

## ケーキクラムのアイスクリーム
### Ice Cream Mix-Ins

切り落としや食べきれなかったケーキをクラムにして、市販のアイスクリームに混ぜるだけですが、
ドライフルーツやナッツを加えると風味豊かになります。
ここではココアケーキを使いましたが、ほかのケーキでも同様に。

**材料／2人分**
バニラアイスクリーム　200g
ココアケーキの切り落としや残り　50g
ドライクランベリー　10g
かぼちゃの種　10g
スライスアーモンド（皮つき。
　フライパンで乾煎りしたもの）　10g

1　ケーキはフードプロセッサーで撹拌してクラムにする。
2　バットにすべての材料を入れてスプーンでざっくりと混ぜ、
　　ラップをして冷凍庫で冷やしかためる。
3　アイスクリームディッシャーなどですくって器に盛る。

# ケーキポップ
Cake Pops

クラムにしたケーキをクリームチーズと練り合わせて丸め、チョコレートをかけるだけ。
コーティング用のチョコレートを使えばテンパリングの手間がないので失敗なく手軽に作れます。
カカオニブやチョコレートスプレーをふりかけても。

**材料／8本分**
イエローケーキの切り落としや残り　70g
クリームチーズ　50g
コーティング用チョコレート
　（ブラック、ホワイト）　各30g
ピスタチオのみじん切り　適量
フリーズドライラズベリー（砕いたもの）
　適量

1　ケーキはフードプロセッサーで撹拌してクラムにする。
2　ボウルにクリームチーズを入れてスプーンで練り、
　　1を混ぜる。8等分にしてスティックを芯にして丸め、冷蔵庫で冷やす。
3　小鍋に湯を沸かして火を止め、チョコレートを入れたボウルを重ねて溶かす。
　　湯気が入らないように気をつける。ブラックとホワイト別々に行う。
4　フォークに2をひとつのせ、スプーンでチョコレートを回しかけ、
　　オーブンシートを敷いたバットにのせてピスタチオやラズベリーをふりかける。
　　残りも同様に。
5　冷蔵庫で冷やしかためる。

# ケーキクラムのショートケーキ仕立て
## Strawberry and Raspberry Shortcake with Cake Crumbs

残ったケーキをクラムにし、生クリームとフルーツを重ねてショートケーキ仕立てにします。
ここへ香りづけにウイスキーやシェリー酒をふりかけ、さらにカスタードクリームを重ねると、
tipsy＝ティプシー（酔っ払い）ケーキと呼ばれるデザートになります。

**材料／2人分**
イエローケーキの切り落としや残り　70g
いちご　6個
グラニュー糖　5g
ラズベリー（冷凍または生）　10粒
生クリーム（乳脂肪分30％台のもの）　80g

1　ケーキはフードプロセッサーで撹拌してクラムにする。
2　いちごは洗ってヘタをとって食べやすい大きさに切り、
　　グラニュー糖をまぶす。ラズベリーは半解凍する。
3　生クリームはボウルに入れ、
　　氷水を当てながらハンドミキサーで6分立てにする。
4　グラスにクラム、生クリーム、ベリー類を重ねて盛り、
　　さらにクラム、生クリーム、ベリー類の順に重ねる。

# ケーキのミルクシェイク

Leftover Cake Shake

ケーキが残ったときのアメリカでの定番の楽しみ方がミルクシェイクです。
牛乳またはバニラアイスクリーム、もしくは両方をケーキと合わせてブレンダーにかけるだけ。
私はプレーンケーキで作るのが好きですが、
デコレーションをしたケーキを牛乳と氷と一緒にミキサーにかける人も。
興味のある人はお試しを。

**材料／1〜2人分**
ココアケーキの切り落としや残り　70g
はちみつ　適量
バニラアイスクリーム　50g
牛乳　150g

1　ケーキはトッピング用に大さじ山盛り1程度をとり分け、
　　目の粗いザルに入れ、スプーンの背で押してクラムにする。
2　グラスの縁にペーパータオルではちみつをぬり、
　　グラスをひっくり返してはちみつの部分に1のクラムを押しつけてくっつける。
3　残りのケーキとバニラアイスクリーム、
　　牛乳をミキサーに入れて撹拌し、なめらかにする。
4　グラスに注ぎ入れ、2で残ったクラムをのせる。

Layer Cake

# レイヤーケーキ

フロスティングやフィリングをはさみ、層（＝レイヤー）に重ねるので、
そう呼ばれる「レイヤーケーキ」。
ここではイエローケーキ、ホワイトケーキ、ココアケーキの
3つのシートケーキを使って、レイヤーケーキを作ります。
フロスティングの種類は生クリームベース、クリームチーズベース、
チョコレートベースなどさまざま。
側面は何もぬらずにそのままでもよいし、
フロスティングはラフにぬり広げるだけでもOKです。

# ネクタリンのレイヤーケーキ
## Summer Nectarine Layer Cake

ほんのり酸味を効かせたサワークリーム入りのクリームと
フレッシュなフルーツをサンドした、シンプルなレイヤーケーキ。
ここではネクタリンを使いましたが、いちごやブルーベリー、アメリカンチェリー、桃、
マンゴー、巨峰など、季節のフルーツを使うといいですね。
ネクタリンや桃は、すぐに食べないときはレモン果汁をかけておくと変色が防げます。

材料／15×7.5cmのケーキ1台分
イエローケーキ（p.14参照）　1台
ネクタリン　中1½個
レモン果汁　少々
サワークリームホイップ
┌ 生クリーム（乳脂肪分35〜36%）　100g
│ サワークリーム　90g
│ グラニュー糖　大さじ1
└ レモン果汁　小さじ1

準備
・イエローケーキを手順通りに焼いて網にのせて冷ます。
・ケーキの下に敷く少し厚めの紙を用意（15×7.5cm）。

イエローケーキを縦半分に切り、長辺2辺を薄く切り落とす。上面がドーム形に膨らんでいれば削ぎ落とす。

ネクタリンは洗って水気を拭き、半分に切って種を除き、5mmくらいの厚さに切る。レモン果汁をかけておく。

サワークリームホイップを作る。ボウルにすべての材料を入れてハンドミキサーで8分立てにする。氷水に当てて行ってもよい。

厚紙の上にケーキ1枚をおき、サワークリームホイップをパレットナイフで薄くぬり、ネクタリンを少しずらしながら並べる。

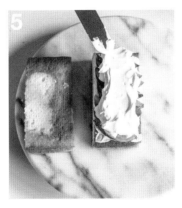

縁から1.5cmほどあけて残りのクリームの半量をのせ、もう1枚のケーキを重ねる。

残りのクリームをぬり広げ、残りのネクタリンを少しずらしながらのせる。

材料／15×7.5cmのケーキ1台分
イエローケーキ (p.14参照)　1台
ラズベリージャム (市販)
　　100gくらい
粉糖　適量
好みのハーブ　適量

準備
・イエローケーキを手順通りに焼いて
　網にのせて冷ます。
・ケーキの下に敷く少し厚めの紙を用
　意 (15×7.5cm)。

イエローケーキを縦半分に切り、上面
がドーム形に膨らんでいれば削ぎ落
とし、厚みを半分に切る。これで4枚
になる。

厚紙の上にケーキ1枚をおき、ラズベ
リージャムの⅓量をパレットナイフで
ぬる。

2枚目のケーキを重ねて残りのジャム
の½量をぬり、3枚目のケーキを重ね
て残りのジャムをぬる。

4枚目のケーキを重ね、4段重ねにす
る。このとき、長辺の断面が焼き面→
断面→焼き面→断面と交互になるよ
うにする。

仕上げに粉糖を茶漉しでふる。器に盛
り、ハーブを飾る。

# ラズベリージャムのレイヤーケーキ
## Raspberry Layer Cake

子どもの頃の愛読書、L.M. モンゴメリーの小説『赤毛のアン』で、主人公のアンが
バニラと間違えて痛み止めのぬり薬を入れてしまった「ルビージェリーのレイヤーケーキ」。
ジェリー（果肉が入らない透き通ったジャムの一種）や
マーマレードをサンドした「ジェリーケーキ」は当時北米で大人気でした。
おそらくアンが楽しんでいたのはラズベリーのジェリーやジャムをはさんだもの。
粉糖をふり、ハーブを飾ってシンプルに仕上げます。

# レモンカードとブルーベリーのケーキ
Lemon Curd and Blueberry Layer Cake

レモンカードはケーキのフィリングにもよく使われるアイテムで、
レモンの香りと味がギュッと凝縮されたおいしさ。
今回はブルーベリーと組み合わせてレイヤーケーキに仕立てます。
レモンカードは今回のように単体で使うのはもちろん、
マスカルポーネチーズやホイップクリームの上にぬり重ねても美味。
フルーツはラズベリーもよく合います。

**材料／15×7.5cmのケーキ1台分**
ホワイトケーキ（p.18参照）　1台
レモンカード（p.11参照）　1レシピ分
ブルーベリー　100g

**準備**
・ホワイトケーキを手順通りに焼いて
　網にのせて冷ます。
・ケーキの下に敷く少し厚めの紙を用
　意（15×7.5cm）。
・ブルーベリーは洗って水気を拭く。

ホワイトケーキを縦半分に切り、長辺2
辺を薄く切り落とす。上面がドーム形
に膨らんでいれば削ぎ落とす。

レモンカードはシリコンベラで練ってな
めらかにする。

厚紙の上にケーキ1枚をおき、レモン
カードをパレットナイフで薄くぬり、ブ
ルーベリーの半量を並べる。

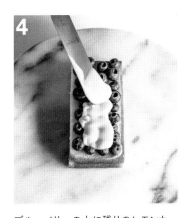

ブルーベリーの上に残りのレモンカー
ドの半量をのせ、もう1枚のケーキを
重ね、残りのレモンカード、残りのブ
ルーベリーの順に重ねる。冷蔵庫で冷
やしてから切り分ける。

# クッキー&クリームケーキ
## Cookies and Cream Cake

クッキー&クリームといえば、
バニラクリームをサンドしたチョコレートクッキーを混ぜ込んだ
アイスクリームのフレーバーのこと。
それをイメージしたレイヤーケーキもアメリカではポピュラーで、
生地にもフロスティングにもクッキーを混ぜ込んで仕上げます。
ココアケーキだけでなく、イエローケーキでも同様に作れます。

材料／15×7.5cmのケーキ1台分
ココアケーキ（p.22参照）　1台分の生地
オレオクッキー　2枚
オレオ入りクリームチーズフロスティング
┌ クリームチーズフロスティング（p.10参照）　1レシピ分
└ オレオクッキー　2枚
オレオクッキー　2½枚

準備
・オーブンを180℃に予熱する。
・ケーキの下に敷く少し厚めの紙を用意（15×7.5cm）。

ココアケーキを手順通りに作る。ただ
し、粉を加える際（p.24作り方5）に細
かく砕いたオレオクッキーを加える。

ココアケーキを縦半分に切り、上面が
ドーム形に膨らんでいれば削ぎ落と
す。

オレオ入りクリームチーズフロスティン
グを作る。クリームチーズフロスティン
グに細かく砕いたオレオクッキーを加
えてシリコンベラでよく混ぜる。

厚紙の上にケーキ1枚をおき、4のフ
ロスティングの半量をパレットナイフで
ぬり広げる。

もう1枚のケーキを重ね。残りのフロ
スティングぬり広げ、仕上げに半分に
割ったオレオクッキーを飾る。

材料／15×7.5cmのケーキ1台分
ココアケーキ（p.22参照） 1台
ラズベリーのガナッシュ
┌ 生クリーム 10g
│ ラズベリーのピュレ 10g
└ ホワイトチョコレート（タブレットまたはキューブ状） 50g
チョコレートクリーム（p.12参照） 1レシピ分
スプレーチョコ 適量
ラズベリー 適量

## 準備
・ココアケーキを手順通りに焼いて網にのせて冷ます。
・ケーキの下に敷く少し厚めの紙を用意（15×7.5cm）。
・ラズベリーは洗って水気を拭く。

ココアケーキを縦半分に切り、長辺2辺を薄く切り落とす。上面がドーム形に膨らんでいれば削ぎ落とす。使うまで冷凍庫で冷やす。

ラズベリーのガナッシュを作る。小鍋に生クリームとラズベリーのピュレを入れて中火にかけ、フツフツとしてきたら、ボウルに入れたチョコレートに加え、シリコンベラで混ぜてなめらかにする。

2のボウルを氷水に当てながら混ぜてとろみをつける。厚紙の上に1のケーキ1枚をおき、ラズベリーのガナッシュをシリコンベラでぬり広げる。

もう1枚のケーキを重ねてラップで包み、冷蔵庫に入れて少し冷やす。この間にチョコレートクリームを作ってもよい。

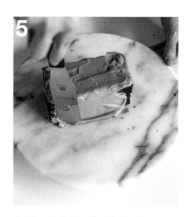

4のケーキを台の上におき、チョコレートクリームをパレットナイフなどで全体にぬる。

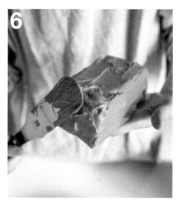

側面は手でケーキを持って行うとまんべんなくぬることができる。底に近い部分にスプレーチョコを貼りつけ、上面にラズベリーをのせる。冷蔵庫で冷やしてから切り分ける。

# デビルズフードケーキ
Devil's Food Cake

ココアがたっぷり入る赤みがかった重曹入りのケーキを、悪魔＝デビルのケーキと呼び、
着色料やビーツで生地を赤く染める「レッドベルベットケーキ」の原型でもあります。
このケーキが登場した1880年代の「チョコレートケーキ」といえば
イエローケーキにチョコレートフロスティングをぬったものでした。
これと区別し、さらに当時人気を博した真っ白な「エンジェルケーキ」の
対のケーキとして名づけられたともいわれます。

材料／15×7.5cmのケーキ1台分
ホワイトケーキ（p.18参照）　1台
レモンカード（p.11参照）　1レシピ分の½量
生クリーム（乳脂肪分40％以上）　100g
グラニュー糖　小さじ1
ココナッツロングまたはココナッツファイン　45g

準備
・ホワイトケーキを手順通りに焼いて網にのせて冷ます。
・ケーキの下に敷く少し厚めの紙を用意（15×7.5cm）。

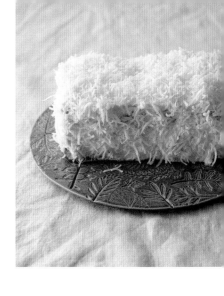

ホワイトケーキを縦半分に切り、上面がドーム形に膨らんでいれば削ぎ落とす。

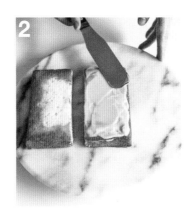

レモンカードはシリコンベラで練ってなめらかにする。厚紙の上にケーキ1枚をおき、レモンカードをぬる。

もう1枚のケーキを重ねる。

氷水を当てたボウルに生クリームとグラニュー糖を入れて8分立てにし、ケーキの表面と側面にパレットナイフでまんべんなくぬる。

全体にココナッツロングまたはファインをたっぷりとまぶしつける。冷蔵庫で冷やしてから切り分ける。

# ココナッツレモンレイヤーケーキ
## Coconut Layer Cake with Lemon Curd

ホワイトケーキにメレンゲやクリームチーズのフロスティングをぬり広げ、
削ったココナッツをまぶして仕上げる、アメリカ南部のケーキをアレンジ。
ジェリーやマーマレードをはさむ「ジェリーケーキ」のブームの後、
1860年代に流行した卵白のアイシングを使う「ホワイトマウンテンケーキ」が
その原型ともいわれます。

# チョコレートクリームと
# イエローケーキのバースデーケーキ
## Yellow Birthday Cake with Chocolate Frosting

イエローケーキとチョコレートクリームの取り合わせは、バースデーケーキの定番。
今でこそ「チョコレートケーキ」といえば、
ココアやチョコレートを混ぜたケーキ生地を指しますが、
かつてはイエローケーキにチョコレートのフロスティングを
ぬり広げたものを指すことが多く、今でも人々に愛されています。

**材料／15×7.5cmのケーキ1台分**
イエローケーキ(p.14参照)　1台
チョコレートクリーム(p.12参照)
　1レシピ分

**準備**
・イエローケーキを手順通りに焼いて
　網にのせて冷ます。
・ケーキの下に敷く少し厚めの紙を用
　意(15×7.5cm)。

イエローケーキを縦半分に切り、上面
がドーム形に膨らんでいれば削ぎ落
とす。

厚紙の上にケーキ1枚をおき、チョコ
レートクリームの¼量をシリコンベラ
でぬり広げる。

もう1枚のケーキを重ねてラップで包
み、冷凍庫に数分入れる。

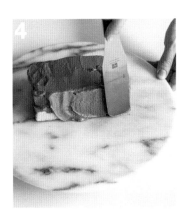

**3**を冷凍庫から出し、残りのチョコレー
トクリームをパレットナイフで全体にぬ
る。側面は手でケーキを持って行うと
まんべんなくぬることができる。冷蔵
庫で冷やしてから切り分ける。

# ボストンクリームパイ

Boston Cream Pie

名前はパイですが、マサチューセッツ州ボストンの名物ケーキです。
ボストンのパーカーハウスホテル (現 Omni Parker House, Boston, Massachusetts, USA) が
元祖とされる一方で、ジャムをサンドして粉糖をふるケーキ「ワシントンパイ」の派生形という説も。
かつてはワシントンパイプレートと呼ばれる型でケーキを焼いたことから、
伝統的なケーキの中には「パイ」の名がつくものが残っています。

材料／15×7.5cmのケーキ1台分
ホワイトケーキ（p.18参照）　1台
カスタードクリーム（p.13参照）
　　1レシピ分
チョコレートのガナッシュ
　┌ チョコレート（カカオ分55〜60％）
　│　　35g
　│ 生クリーム（乳脂肪分35〜36％）
　└　　35g

準備
・ホワイトケーキを手順通りに焼いて
　網にのせて冷ます。
・ケーキの下に敷く少し厚めの紙を用
　意（15×7.5cm）。
・チョコレートは、タブレットならその
　まま、かたまりのものなら削る。

ホワイトケーキを縦半分に切り、長辺2辺を薄く切り落とす。上面がドーム形に膨らんでいれば削ぎ落とす。

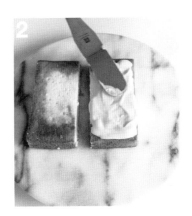

厚紙の上にケーキ1枚をおき、シリコンベラでほぐしてなめらかにしたカスタードクリームをのせ、パレットナイフでぬり広げる。もう1枚のケーキを重ねる。

チョコレートのガナッシュを作る。小鍋に生クリームを入れて中火にかけ、フツフツとしてきたら、ボウルに入れたチョコレートに加える。

中心から静かにシリコンベラで混ぜてなめらかにする。

チョコレートのガナッシュをケーキの表面に静かにかける。

最後にパレットナイフで一度さっとなでる。何度もなでるときれいに仕上がらないので注意。冷蔵庫で冷やしてから切り分ける。

材料／15×7.5cmのケーキ1台分
ホワイトケーキ（p.18参照）　1台分の生地
スプリンクル（カラフル）　20g
クリームチーズフロスティング（p.10参照）　1レシピ分
仕上げ用スプリンクル（カラフル）　15g

**準備**
・オーブンを180℃に予熱する。
・ケーキの下に敷く少し厚めの紙を用意（15×7.5cm）。

ホワイトケーキを手順通りに作る。ただし生地作りの最後（p.20作り方**5**）にスプリンクルを加える。

ホワイトケーキを縦半分に切り、上面がドーム形に膨らんでいれば削ぎ落とす。

厚紙の上にケーキ1枚をおき、クリームチーズフロスティングの¼量をパレットナイフでぬり広げる。

もう1枚のケーキを重ねてラップで包み、冷凍庫に数分入れる。

**4**を冷凍庫から出し、残りのクリームチーズフロスティングを全体にぬる。上面の縁に沿ってスプリンクルを貼りつけ、底に近い部分にも貼りつける。冷蔵庫で冷やしてから切り分ける。

# コンフェッティケーキ

Confetti Cake

生地にスプリンクル（シュガースプレー）を混ぜるカラフルなレイヤーケーキ。
食品メーカーの Pillsbury 社が 1989 年に考案し、
Fun（楽しい）+Confetti（紙吹雪 or キャンディ）=Funfetti Cake と名づけたケーキですが、
Funfetti は、Pillsbury 社の登録商標なので、一般的には Confetti Cake と呼ばれます。
華やかな見た目も、スプリンクルのカリッとした食感も楽しいケーキです。

材料／約5×5cmのケーキ9個分
イエローケーキ(p.14参照)　1台
クリームチーズ　60g
生クリーム(乳脂肪分35〜36%)
　大さじ1
ラズベリージャム(市販)　40g
チョコレートのガナッシュ
┌ チョコレート(カカオ分55〜60%)
│　160g
│ 生クリーム(乳脂肪分35〜36%)
└　80g
ココナッツファイン　100g

準備
・イエローケーキを手順通りに焼いて
　網にのせて冷ます。
・クリームチーズは室温に戻す。
・チョコレートは、タブレットならその
　まま、かたまりのものなら削る。
・ココナッツファインはバットに入れる。

イエローケーキを9等分の正方形に切り、それぞれ半分の厚みに切る。クリームチーズをボウルに入れてシリコンベラでやわらかく練り、生クリームを加えて混ぜ、なめらかにする。

下になるケーキの切り口に1のクリームチーズをそれぞれのせ、パレットナイフでならし、その上にラズベリージャムをスプーンでのせる。

上になるケーキを重ねて元の形に戻し、ラップをしてバットにのせ、使うときまで冷凍庫で冷やす。

チョコレートのガナッシュを作る。小鍋に生クリームを入れて中火にかけ、フツフツとしてきたら、ボウルに入れたチョコレートに加える。中心から静かにシリコンベラで混ぜてなめらかにする。

4のガナッシュを湯煎にかけ(湯気が入らないように注意)、ケーキ1切れをフォークにのせてガナッシュをスプーンで全体にかける。

ココナッツを全体にたっぷりとまぶす。残りも同様にして仕上げる。冷蔵庫で冷やしかためる。

ジャカルタに住んでいた頃、同じ南半球にあるオーストラリアやニュージーランドを訪れると、
ベーカリーやスーパーマーケットにいつも並んでいたラミントン。
オーストラリアのクイーンズランド州総督だったラミントン卿にちなんで名づけられたといわれます。
スポンジケーキをキューブにカットし、チョコレートアイシングをかけ、
当時ヨーロッパ系のケーキにはあまり使われなかったココナッツをまぶします。

# ラミントンケーキ
Lamington

## 材料／15×7.5cmのケーキ1台分

ホワイトケーキ（p.18参照）　1台
サワークリームホイップ
  生クリーム（乳脂肪分35〜36%）
    150g
  サワークリーム　130g
  グラニュー糖　20g
  レモン果汁　大さじ1
ピーカンナッツ　30g
セミドライいちじく　30g
ミックスレーズン　25g
パールシュガー　適量

## 準備

・ホワイトケーキを手順通りに焼いて
　網にのせて冷ます。
・ケーキの下に敷く少し厚めの紙を用
　意（15×7.5cm）。
・ピーカンナッツは160℃のオーブン
　で8分ほどローストするか、フライパ
　ンで乾煎りし、粗く刻む。
・セミドライいちじくは粗く刻み、レー
　ズンとともに熱湯に5分ほど浸して
　やわらかくし、水気をきる。

**1**

ホワイトケーキを縦半分に切り、上面
がドーム形に膨らんでいれば削ぎ落
とし、厚みを半分に切る。これで4枚
になる。

**2**

サワークリームホイップを作る。氷水
を当てたボウルに生クリーム、サワー
クリーム、グラニュー糖、レモン果汁を
入れてハンドミキサーで泡立て、8分
立てにする。

**3**

2の⅓量を別のボウルに入れ、ピーカ
ンナッツ、いちじくとレーズンを加えて
混ぜる。

**4**

厚紙の上にケーキ1枚をおき、3の⅓
量をパレットナイフでぬり、2枚目の
ケーキをのせる。これを繰り返して4段
にする。このとき、長辺の断面が焼き
面→断面→焼き面→断面と交互にな
るようにする。

**5**

残りのサワークリームホイップをパレッ
トナイフで全体にぬり、側面にもぬる。

**6**

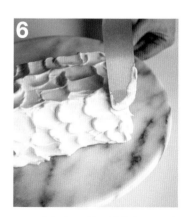

パレットナイフで波の模様をつけ、底
に近い部分にパールシュガーを貼り
つける。

# レイディバルティモアケーキ
Lady Baltimore Cake

サウスカロライナ州チャールストンが舞台のモデルである
小説『レイディバルティモア』(1906) に由来するケーキ。
「キング」の名を冠したケーキにフルーツやナッツ、スパイスが、
「クイーン」にはお酒やローズウォーター、スパイスが入った当時、
「レイディ」は何も入らないケーキ生地を指しました。
スイスメレンゲ (湯煎にかけながら泡立てる) で仕上げるのが伝統ですが、
今回はサワークリーム入りクリームでさわやかに。

# ブルックリンブラックアウトケーキ
Brooklyn Blackout Cake

第二次世界大戦中の灯火管制（敵の飛行機から見えないように灯りを制限）訓練下で、
ブルックリンのベーカリー、Ebinger'sで売り出し人気を博した、Blackout＝停電／灯火管制ケーキ。
チョコレートプディングをはさんだケーキに、ケーキの1枚をクラムにしたものをまぶして仕上げます。
プディングはコーンスターチでとろみをつけるのが伝統ですが、ダマができやすいのが難点。
代わりに豆腐を使えば手軽に失敗なく作れます。

材料／15×7.5cmのケーキ1台分
ココアケーキ（p.22参照）　1台
豆腐のチョコレートプディング
┌ 絹ごし豆腐　250g
│ チョコレート（カカオ分60％）　90g
└ バニラエッセンス　少々

準備
・ココアケーキを手順通りに焼いて網にのせて冷ます。
・ケーキの下に敷く少し厚めの紙を用意（15×7.5cm）。
・チョコレートは、タブレットならそのまま、かたまりのものなら削る。
・豆腐は半分に切り、熱湯から弱火で5分ほどゆでて水気をきり、ペーパータオルを2重に敷いたザルに入れ、ペーパータオルを2回取り替えながら約230gになるまで水きりする。温かいうちに使いたいので、作りはじめる直前に行う。

ココアケーキを縦半分に切り、上面がドーム形に膨らんでいれば削ぎ落とし、厚みを半分に切る。これで4枚になる。

4枚のうちの1枚と削ぎ落とした部分をフードプロセッサーに入れて撹拌し、細かくする（クラム）。目の粗いザルにのせ、スプーンの背で漉して細かくしてもよい。

豆腐のチョコレートプディングを作る。ハンディブレンダー用の容器にまだ温かい豆腐を入れて撹拌する。チョコレートを湯煎にかけて溶かし（湯気が入らないように）、豆腐に加える。

バニラエッセンスを加え、ハンディブレンダーで混ぜてなめらかにする。

厚紙の上にケーキ1枚をおき、4の¼量をパレットナイフでぬり、2枚目のケーキをのせる。これを繰り返して3段にする。このとき、長辺の断面が焼き面→断面→焼き面と交互になるようにする。

残りのプディングを全体にぬり、2のクラムを全体にまぶす。冷蔵庫で冷やしてから切り分ける。

97

# ジャーマンチョコレートケーキ

German Chocolate Cake

エバミルクを使った濃厚なフィリングに、ココナッツとピーカンナッツを加えてサンド。
アメリカのチョコレート会社の社員だったジャーマンさんが
1852年に考案した「German's Sweet Chocolate」を使うのでそう呼ばれます。
1957年にテキサス州のダラス新聞でレシピがシェアされ、爆発的な人気に。
以来アメリカの定番ケーキになりまた。今回はチョコレートではなくココアを使い、
仕上げにカカオニブを散らして風味を補います。

材料／**15×7.5cm のケーキ1台分**

ココアケーキ（p.22参照）　1台
卵黄　2個分
グラニュー糖　70g
ブラウンシュガーまたはきび砂糖
　　20g
塩　ひとつまみ
エバミルク　140g
バター（食塩不使用）　35g
バニラオイル　少々
ココナッツロング　65g
ピーカンナッツ　65g
仕上げ用
┌　ピーカンナッツ　5〜6粒
└　カカオニブ　適量

**準備**

・ココアケーキを手順通りに焼いて網
　にのせて冷ます。
・ケーキの下に敷く少し厚めの紙を用
　意（15×7.5cm）。
・バターは室温に戻す。
・ピーカンナッツは160℃のオーブン
　で8分ほどローストするか、フライパ
　ンで乾煎りし、仕上げ用以外は粗く
　刻む。

ココアケーキを縦半分に切り、上面が
ドーム形に膨らんでいれば削ぎ落と
し、厚みを半分に切る。これで4枚に
なる。

小鍋に卵黄、グラニュー糖、ブラウン
シュガー、塩を入れてすぐにミニホイッ
パーで混ぜ、エバミルクを少しずつ加
えながら混ぜ合わせる。

バターとバニラオイルを加えて弱火に
かけ、混ぜながら10分ほど加熱し、フ
ツフツとして、もったりとしたら火から
おろす。

**3**にココナッツロング、ピーカンナッツ
を加え、ムラなく混ぜ合わせる。バット
に広げて粗熱をとる。

厚紙の上にケーキ1枚をおき、**4**の¼
量をパレットナイフでぬり、2枚目の
ケーキをのせる。

これを繰り返して4段にする。このとき、
長辺の断面が焼き面→断面→焼き面
→断面と交互になるようにする。仕上
げにピーカンナッツとカカオニブをのせ
る。冷蔵庫で冷やしてから切り分ける。

# レーンケーキ
Lane Cake

バーボンを入れたコクのあるフィリングに、ココナッツ、レーズン、ピーカンナッツを混ぜてサンド。
アラバマ州のレーンさんがステイト・フェア（農産畜産品評会）で1等をとったケーキなので、
「Prize Cake＝受賞ケーキ」とも呼ばれます。
全体をメレンゲでおおうことが多いのですが、私はそのままで、
またはバーボンを少し加えたホイップクリームを添えて食べるのが好きです。

**材料／15×7.5cmのケーキ1台分**
ホワイトケーキ（p.18参照）　1台
卵黄　2個分
グラニュー糖　65g
塩　ひとつまみ
バーボン（ウィスキー）　65g
バター（食塩不使用）　30g
バニラオイル　少々
ココナッツファイン　35g
ピーカンナッツ　40g
ミックスレーズン　35g
ドライクランベリー　5〜6粒

**準備**
・ホワイトケーキを手順通りに焼いて
　網にのせて冷ます。
・ケーキの下に敷く少し厚めの紙を用
　意（15×7.5cm）。
・バターは室温に戻す。
・ピーカンナッツは160℃のオーブン
　で8分ほどローストするか、フライパ
　ンで乾煎りし、粗く刻む。
・レーズンは粗く刻む。

ホワイトケーキを縦半分に切り、上面
がドーム形に膨らんでいれば削ぎ落
とし、厚みを半分に切る。これで4枚
になる。

小鍋に卵黄とグラニュー糖を入れてす
ぐにミニホイッパーで混ぜ、塩を加え、
バーボンを少しずつ加えながら混ぜる。

バターとバニラオイルを加えて弱火に
かけ、混ぜながら10分ほど加熱し、フ
ツフツとして、もったりとしたら火から
おろす。

ココナッツファイン、ピーカンナッツ、
レーズンを加え、ムラなく混ぜ合わせ
る。バットに広げて粗熱をとる。

厚紙の上にケーキ1枚をおき、**4**の¼
量をパレットナイフでぬり、2枚目の
ケーキをのせる。

これを繰り返して4段にする。このとき、
長辺の断面が焼き面→断面→焼き面
→断面と交互になるようにする。仕上
げにドライクランベリーをのせる。冷蔵
庫で冷やしてから切り分ける。

**材料／15×7.5cmのケーキ1台分**
イエローケーキ(p.14参照)　1台分
クリームチーズ　80g
生クリーム(乳脂肪分35〜36%)
　160g
ブラウンシュガー　30g
レーズン　40g
スライスアーモンド　80g
仕上げ用枝つきレーズン　1枝

**準備**
・イエローケーキを手順通りに焼いて網にのせて
　冷ます。
・ケーキの下に敷く少し厚めの紙を用意(15×
　7.5cm)。
・スライスアーモンドは160℃のオーブンで8分ほ
　どローストするか、フライパンで乾煎りする。
・レーズンは熱湯に1分ほど浸し、ザルに上げて冷
　まし、ペーパータオルで水気をとる。
・クリームチーズは室温に戻す。

イエローケーキを縦半分に切り、上面がドーム形に膨らんでいれば削ぎ落とし、厚みを半分に切る。これで4枚になる。

ボウルにクリームチーズを入れて練る。別のボウルを氷水に当て、生クリームとブラウンシュガーを入れてハンドミキサーで6分立てにし、⅓量をクリームチーズに加えて混ぜ、なめらかにする。

生クリームのボウルに戻し入れて8分立てにする。

**3**の⅓量にレーズンとアーモンド40gを加えて混ぜ合わせる。

厚紙の上にケーキ1枚をおき、**4**の⅓量をパレットナイフでぬり、2枚目のケーキをのせる。これを繰り返して4段にする。このとき、長辺の断面が焼き面→断面→焼き面→断面と交互になるようにする。

残りのクリームをパレットナイフで全面にぬり、波の模様をつける。底に近い部分に残りのアーモンドを貼りつけ、上面にレーズンを飾る。冷蔵庫で冷やしてから切り分ける。

# レーズンとアーモンドのクリームチーズケーキ
## Raisin Cake with Cream Cheese Frosting

レーズンとアーモンドを混ぜたクリームチーズフロスティングを使うエレガントなケーキ。
この10倍量の砂糖を使うキャラメルバターフロスティングを使うものは、
詩人のヘンリー・ワーズワース・ロングフェローの詩、
ハイアワサの歌（1855）に登場するプリンセスの名を冠してミネハハケーキと呼ばれてきました。
現在では同詩のネイティブアメリカンの描写への問題提起もあり、
歴史を伝える中でしか目にすることはなくなりました。

材料／15×7.5cmのケーキ1台分
ホワイトケーキ（p.18参照）　1台分の生地
ブルーベリーのゼリー
- ブルーベリー　90g
- はちみつ　15g
- 粉ゼラチン　1.5g

ブルーベリーの
　クリームチーズフロスティング
- 生クリーム（乳脂肪分35〜36％）
　　80㎖
- グラニュー糖　大さじ1
- クリームチーズ　40g
- ブルーベリー　20g

ブルーベリー　100g
粉糖　適量

準備
・オーブンを180℃に予熱する。
・ケーキの下に敷く少し厚めの紙を用意（15×7.5cm）。
・ブルーベリーは洗い、ゼリーとフロスティングに使う分はハンディブレンダーなどでピュレにする。重量を確認する。
・小さい容器に水小さじ2（分量外）を入れ、粉ゼラチンをふり入れてふやかす。
・クリームチーズは室温に戻す。

1　ホワイトケーキを手順通りに作る。焼き上がったら型から出して逆さまにして網にのせ、太めの菜箸の持ち手の部分で⅔の深さまで穴を開ける。できるだけ隙間なく、大きめに開ける。

2　ブルーベリーのゼリーを作る。小鍋にブルーベリーのピュレとはちみつを入れて中火にかけ、沸いてきたら火を止め、ふやかしたゼラチンを加えて溶かす。とろみがつくまで氷水を当てておく。

3　1のケーキの穴に2をスプーンですくい入れ、菜箸でゼリーを押し込み、残りの2をさらに入れて、表面にも薄くぬり広げる。冷蔵庫で1時間ほど冷やしかためる。

フロスティングを作る。ボウルに生クリームとグラニュー糖を入れて氷水に当てながらハンドミキサーで6分立てにし、⅓量を練ったクリームチーズに加えて混ぜ合わせ、ボウルに戻す。

5　再び6分立てにし、ブルーベリーのピュレを加えて8分立てにする。

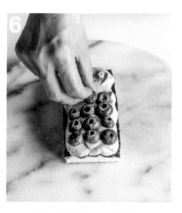

6　3の四辺を切り落として縦半分に切る。厚紙の上にケーキ1枚をおき、5の半量をぬってブルーベリーを並べる。もう1枚のケーキを重ね、残りの5をぬり、ブルーベリーを飾り、粉糖を茶漉しでふる。

# ブルーベリーのポークレイヤーケーキ
Blueberry Poke Layer Cake

ケーキの表面全体に棒を刺して（= Poke）穴を開け、ゼリー液を流し込むポークケーキ。
1976年にアメリカのゼリーミックスの代名詞、Jell-O のパンフレットに載った
一風変わったこのケーキは当時の人々の興味をそそり、以来愛されてきました。
今回のようにゼリー液にとろみをつけてから注げばケーキはしっとりしすぎず、
温かいうちに注げばケーキに液がしっかりしみ込んでしっとり。好みでお試しください。

# マンゴーのレイヤーケーキ
Mango Layer Cake

マンゴーの鮮やかな色とスポンジのココア色のコントラストを楽しめるよう、
側面にはクリームをぬらずに仕上げています。
マンゴーの風味を満喫したい場合は、側面にもたっぷりクリームをぬるのがおすすめ。
その場合は、マンゴーホイップクリームは、1.5倍量で作ります。

材料／15×7.5cmのケーキ1台分

ココアケーキ（p.22参照）　1台

マンゴーとホワイトチョコのガナッシュ

マンゴーピュレ（市販）　30g

ホワイトチョコレート（タブレットまたは
　　キューブ状）　60g

バター（食塩不使用）　小さじ½

マンゴーホイップクリーム

生クリーム（乳脂肪分40%台）　80g

グラニュー糖　10g

マンゴーピュレ（市販）　30g

マンゴー　約1個

準備

・ココアケーキを手順通りに焼いて網
　にのせて冷ます。

・ケーキの下に敷く少し厚めの紙を用
　意（15×7.5cm）。

・バターは室温に戻す。

・マンゴーは皮をむいて種を除き、食
　べやすい大きさに切る。

ココアケーキを縦半分に切り、上面が
ドーム形に膨らんでいれば削ぎ落と
す。使うまでラップで包んで冷凍庫で
冷やしておく。

マンゴーとホワイトチョコのガナッシュ
を作る。マンゴーピュレをボウルに入れ
て湯煎にかけて温め、ホワイトチョコ
レートを加える。シリコンベラで静かに
混ぜ、溶けたら、バターを加えて溶かす。

2を氷水に当ててとろみをつけ、1の
ケーキ1枚にぬり広げ、もう1枚のケー
キを重ねる。

再びラップで包み、使うまで冷凍庫で
冷やす。

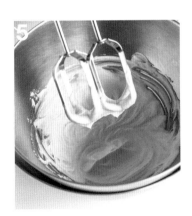

マンゴーホイップクリームを作る。氷水
を当てたボウルに生クリームとグラ
ニュー糖を入れ、ハンドミキサーで混
ぜて6分立てにし、マンゴーピュレを
加えて8分立てにする。

4のケーキを厚紙の上におき、マン
ゴーホイップクリームをぬり広げ、マン
ゴーをのせる。

# "ロバート・E・リー"ケーキ

Robert E. Lee Cake

南北戦争(1861〜1865年)の際に南部連合の軍司令官を務めた名将、
ロバート・エドワード・リー将軍の名を冠した、アメリカ南部のケーキ。
バリエーションはさまざまありますが、リー将軍が好んだとされるオレンジとレモンの両方を使えば、
たいていロバート・E・リー・ケーキらしくなります。
ここでは生地にレモンの皮を入れて焼き、オレンジマーマレードをはさみ、
マーマレード入りのクリームをぬり広げました。

材料／15×7.5cmのケーキ1台分
ホワイトケーキ（p.18参照）
　1台分の生地
レモンの皮のすりおろし　1個分
マーマレードチーズクリーム
　┌　クリームチーズフロスティング
　│　　（p.10参照）　1レシピ分
　└　オレンジマーマレード（市販）　30g
オレンジマーマレード（市販）　40g
フリーズドライのオレンジ、レモン
　（スライスタイプ）　各適量

準備
・オーブンを180℃に予熱する。
・ケーキの下に敷く少し厚めの紙を用
　意（15×7.5cm）。

ホワイトケーキを手順通りに作る。ただ
し、生地作りの最後（p.20作り方5）に
レモンの皮のすりおろしを加える。

ホワイトケーキを縦半分に切り、上面
がドーム形に膨らんでいれば削ぎ落
とす。

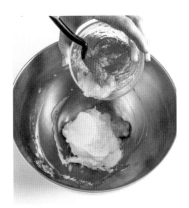

マーマレードチーズクリームを作る。ク
リームチーズフロスティングにオレンジ
マーマレードを加えて混ぜる。

厚紙の上にケーキ1枚をおき、オレン
ジマーマレードをパレットナイフで薄く
ぬり、もう1枚のケーキを重ねる。

マーマレードチーズクリームを全体に
ぬり広げ、側面もきれいにぬる。フリー
ズドライのオレンジとレモンを飾る。冷
蔵庫で冷やしてから切り分ける。

材料／15×7.5cmのケーキ1台分

イエローケーキ（p.14参照）
　　1台分の生地
ピーカンナッツ　50g
フロスティング
　［クリームチーズフロスティング
　　　1レシピ分
　　ピーカンナッツ　50g
　　フリーズドライラズベリーのパウダー
　　　6g

準備

・オーブンを180℃に予熱する。
・ケーキの下に敷く少し厚めの紙を用
　意（15×7.5cm）。
・ピーカンナッツは160℃のオーブン
　で8分ほどローストするか、フライパ
　ンで乾煎りし、粗く刻む。

イエローケーキを手順通りに作る。た
だし、生地作りの最後に（p.16作り方
6）、120g程度をとり分けてピーカン
ナッツを加える。2つの生地をそれぞ
れ型に入れてならす。

1を天板にのせ、180℃のオーブンで
約18分焼いて冷ます。それぞれ縦半
分に切り、上面がドーム形に膨らんで
いれば削ぎ落とす。

クリームチーズフロスティングは50g
程度をとり分けてピーカンナッツを加
えて混ぜ合わせ、残りにフリーズドラ
イラズベリーのパウダーを加えてよく
混ぜる。

厚紙の上にプレーンのケーキ1枚をおき、
ピーカンナッツフロスティングをパレットナ
イフでぬり広げる。

4の上にピーカンナッツ入りのケーキ
1枚を重ね、ラズベリーフロスティング
をぬり広げる。4と5を繰り返して4段
重ねにする。このとき、長辺の断面が
焼き面→断面→焼き面→断面と交互
になるようにする。

パレットナイフで上面に波の模様をつ
ける。冷蔵庫で冷やしてから切り分け
る。

# ラズベリークリームケーキ

Raspberry Cream Cake

同じ型をふたつ使って、プレーンのイエローケーキと
ピーカンナッツ入りのケーキの2枚を焼き上げます。
それを半分に切って、ピーカンナッツ入り、ラズベリー入りの2色のフロスティングを
交互に重ねた香り豊かなレイヤーケーキ。
ピーカンナッツとココナッツ入りの生地を使うアメリカ南部の
「イタリアンクリームケーキ」のアレンジとして時折楽しんでいる、お気に入りの一品です。

原 亜樹子
hara akiko

菓子文化研究家。米国高校へ留学・卒業後、東京外国語大学へ進学し、食をテーマに文化人類学を学ぶ。国家公務員として特許庁で勤めた後、菓子文化研究家へ転身。『アメリカ郷土菓子』(PARCO出版)、『アメリカンクッキー』(誠文堂新光社)ほか、アメリカの食に関する著書多数。

◎調理アシスタント　青木昌美

デザイン　遠矢良一(Armchair Travel)
撮影　竹内章雄
スタイリング　池水陽子
編集　松原京子
プリンティングディレクター　栗原哲朗(図書印刷)

◎参考資料
☆ Abby Fisher. What Mrs. Fisher Knows About Old Southern Cooking: Soups, Pickles, Preserves, Etc.(1881). Kessinger Publishing, 2010. p30-31
☆ Andrew F. Smith(編集). The Oxford Companion to American Food and Drink. Oxford Univ Pr. on Demand; Illustrated版, 2009. p135-136, p188-189
☆ Darra Goldstein. Michael Krondl. Ursula Heinzelmann. Laura Mason. Eric C. Rath(編集). The Oxford Companion to Sugar and Sweets. Oxford Univ Pr; Illustrated版, 2015. p34, p69-70, p166, p179, p200, p325, p395-396, p550, p649, p740-741
☆ Eliza Leslie. Seventy-Five Receipts for Pastry, Cakes, and Sweetmeats (American Antiquarian Cookbook Collection). Andrews McMeel Publishing, LLC, 2013. p71-72
☆ Jean Anderson. The American Century Cookbook: The Most Popular Recipes of the 20th Century. Gramercy, 2005. p423-424, p454
☆ Julie Schoen, Little Pearl. A Slice of American History: The Best Cake Recipes from America's Sweet Past. Little Pearl Publishing, 2013. p32-33, p61-67, p95
☆ L. M. Montgomery. Anne of Green Gables. PUFFIN BOOKS, 1977. p141-149
☆原亜樹子(2014)『アメリカ郷土菓子』

# シートケーキと
## レイヤーケーキ

2021年12月15日　第1刷発行

著　者　原亜樹子
　　　　はらあきこ
発行者　千石雅仁
発行所　東京書籍株式会社
　　　　〒114-8524　東京都北区堀船2-17-1
電　話　03-5390-7531(営業)　03-5390-7508(編集)
印刷・製本　図書印刷株式会社